ÉTUDE

SUR

L'UTILISATION DES ROUTES

A L'ÉTABLISSEMENT

DE CHEMINS DE FER ÉCONOMIQUES

PARIS. — TYPOGRAPHIE HENNUYER, RUE DU BOULEVARD, 7.

ÉTUDE

SUR

L'UTILISATION DES ROUTES

A L'ÉTABLISSEMENT

DE CHEMINS DE FER ÉCONOMIQUES

PAR

MM. L. MOLINOS ET PRONNIER

INGÉNIEURS
ANCIENS ÉLÈVES DE L'ÉCOLE CENTRALE

(Extrait des *Mémoires de la Société des Ingénieurs civils.*)

PARIS

A. MOREL ET Cie
Libraires-Éditeurs
RUE VIVIENNE, 18.

E. LACROIX
Libraire-Éditeur
15, QUAI MALAQUAIS.

1861

ÉTUDE

SUR

L'UTILISATION DES ROUTES

A L'ÉTABLISSEMENT

DE CHEMINS DE FER ÉCONOMIQUES

La situation de l'industrie des transports, en France, n'a jamais, plus qu'aujourd'hui, mérité l'attention publique. Les grands réseaux de chemins de fer exploités ou en voie d'exécution, loin d'avoir satisfait les exigences des intérêts si multiples de la production et de la consommation nationales, ont fait naître, au contraire, de nouveaux besoins qui demandent impérieusement une extension considérable de lignes secondaires. En présence des lenteurs apportées à l'achèvement du réseau concédé aujourd'hui, n'est-il pas à craindre que les lignes nouvelles, qui se trouvent en très-grande partie dans des conditions de trafic infiniment plus défavorables, ne puissent pas s'exécuter du tout, ou du moins que leur exécution soit ajournée d'une manière funeste pour les intérêts qui les réclament?

Pour bien faire comprendre dans quelles conditions se présentent les lignes secondaires dont on sollicite l'établissement, et les difficultés de toute nature qui s'opposeront à leur exécution si l'on persiste dans la voie actuellement suivie, il nous paraît utile de rappeler en quelques mots les mesures prises pour l'établissement du réseau actuel, quoiqu'elles aient été l'objet d'une grande publicité.

Les chemins dont l'exécution doit être considérée aujourd'hui comme décidée comprennent 16,940 kilomètres, sur lesquels 9,448 kilomètres seulement sont en exploitation; les 7,492 kilomètres restants sont en partie en voie d'exécution, et l'État, cédant à de pressantes sollicitations, fait étudier environ 2,000 kilomètres de lignes nouvelles, dans lesquelles il a fait choix de vingt-cinq lignes ayant une longueur de 1,325 kilomètres, dont il évalue la construction à 367,300,000 francs, soit à 277,000 francs environ par kilomètre.

Ces lignes viennent d'être proposées à l'approbation des Chambres législatives. Le chiffre de 277,000 francs par kilomètre indique que l'on compte exécuter ces chemins d'après les prescriptions des cahiers des charges imposées jusqu'à présent aux diverses Compagnies, pour l'exécution du réseau actuel.

Le nombre de kilomètres exploités à la fin de 1851, époque à laquelle la durée des concessions de chemins de fer a été portée à quatre-vingt-dix-neuf ans, n'était que de 3,538 kilomètres; mais, à partir de cette époque, une grande faveur s'attacha à cette industrie, qui trouvait avec la plus grande facilité le crédit nécessaire à son développement. Environ 4,800 kilomètres furent concédés de 1852 à 1855 inclusivement. En 1857 il fut accordé, tant en concessions définitives qu'en concessions éventuelles, à peu près 4,400 kilomètres, qui portèrent à environ 16,000 kilomètres le chiffre total des diverses concessions. Depuis, l'ensemble des chemins autorisés, en y comprenant ceux de la Savoie et de Nice, s'est élevé à 16,940 kilomètres.

Dans le but de maintenir la prospérité de l'industrie des

chemins de fer, l'État les fit organiser en grands réseaux, en exigeant la fusion des petites Compagnies avec les grandes, et en n'accordant de concessions nouvelles qu'à ces dernières.

De 1852 à 1857, les Compagnies, soutenues par la confiance publique, purent donner un grand développement à leurs travaux, mais la crise financière survenue à la fin de cette dernière année vint changer la situation; les valeurs des chemins de fer se déprécièrent, et l'État vit avec inquiétude l'abaissement du crédit des Compagnies, lié au sien par les garanties d'intérêt qu'il avait accordées à beaucoup d'entre elles.

Il restait alors à exécuter environ 8,578 kilomètres, dont la dépense était évaluée à 3 milliards.

Pour arrêter la dépréciation qui frappait aussi bien les titres des lignes exploitées que ceux des nouvelles, à cause de leur solidarité complète, et qui menaçait d'une interruption des travaux, l'État consentit à modifier les traités des diverses Compagnies.

L'esprit de la transaction nouvelle, rendue exécutoire par un décret impérial du 11 juin 1859, fut de ne rien changer à la situation acquise aux chemins exploités, à la condition qu'ils ne profiteraient pas de l'accroissement de bénéfices résultant de l'établissement des chemins concédés en dernier lieu. Sur ces bases, le gouvernement consentit à accorder, pour les chemins à construire, des subventions de natures diverses et une garantie de minimum d'intérêt sur le capital *évalué*.

En conséquence, les concessions de chaque Compagnie furent divisées en deux groupes distincts, sous les noms d'*ancien* et de *nouveau réseau*. L'ancien réseau, comprenant 7,774 kilomètres, dont on maintenait la situation, n'eut plus de garantie d'intérêt : son compte de construction et d'exploitation fut séparé de celui du nouveau réseau, et un chiffre de produits nets fut fixé pour chaque Compagnie, chiffre correspondant au produit que l'on trouvait légitime de réserver au capital engagé. Il fut convenu que, si ces produits venaient à être dépassés, l'excédant serait en totalité ajouté aux recettes du nouveau réseau pour couvrir, au besoin jusqu'à concurrence, l'intérêt garanti par l'État.

Les sommes que l'État pourrait verser, par suite de cette garantie d'intérêt, doivent lui être remboursées avec intérêts à 4 pour 100 par an, sur les excédants des recettes lorsqu'ils se produiront. Enfin, en compensation des sacrifices faits par l'Etat, les Compagnies s'engagèrent à partager avec lui, à partir de 1872, l'excédant de leurs bénéfices totaux sur les produits nets affectés à l'ancien réseau, augmenté de l'intérêt à 6 pour 100 des sommes *dépensées* pour le nouveau.

L'intérêt garanti par l'État sur les 8,578 kilomètres du nouveau réseau est de 4 pour 100 pendant cinquante années, avec amortissement calculé au même taux, soit en tout 4f,65 pour 100.

Telles sont les mesures qu'on a cru propres à assurer l'achèvement du réseau de 16,940 kilomètres. Ces mesures ont été prises principalement en vue d'en hâter l'exécution, et, dans le projet de loi, l'administration semblait en prévoir l'achèvement au plus tard vers l'année 1867. Elle a, du reste, intéressé les Compagnies à terminer le réseau dans une période aussi courte que possible, à partir du 1er janvier 1865, car, à compter de cette date, où commence la garantie de l'Etat, jusqu'à l'achèvement du réseau, le chiffre du produit net kilométrique réservé à l'*ancien réseau* est abaissé de 200 francs par 100 kilomètres de chemin non encore livrés à l'exploitation.

Ces mesures ont-elles été suffisantes? et doit-on en désirer l'extension pour les lignes à concéder?

Les faits ne concluent pas en leur faveur; en effet, pour atteindre le résultat désiré, il eût fallu exécuter au moins 1,000 kilomètres par an. Or, si, en 1858, il a été exécuté 1,396 kilomètres, en 1859 il n'a été exécuté que 389 kilomètres, et nous voyons dans la situation de l'Empire, publiée le 6 février dernier, que « l'année 1860 n'a ajouté que 243 kilomètres aux lignes en exploitation. » A la vérité, on attribue ce faible chiffre à la mauvaise saison, et l'on compte ouvrir 705 kilomètres en 1861, et 768 en 1862; mais, en supposant même qu'on n'ait pas de mécomptes sur ces derniers chiffres, ils sont bien éloignés de répondre à l'attente générale et aux espérances qu'avait fait concevoir la loi du 11 juin 1859.

Nous n'avons pas besoin d'insister sur l'insuffisance du réseau actuellement concédé; l'opinion publique est fixée à cet égard; elle sait que notre industrie et notre agriculture ne peuvent retirer du réseau actuel tous les avantages qu'il comporte, qu'à la condition d'y avoir accès au moyen de l'établissement de 8,000 à 10,000 kilomètres de lignes secondaires. Ce chiffre n'est certainement pas exagéré; il suffit, pour s'en convaincre, de comparer l'étendue de notre réseau à celle des chemins de fer anglais et belges. Les documents officiels publiés au commencement de cette année nous font d'ailleurs connaître, comme nous l'avons dit plus haut, que déjà, parmi les lignes dont l'exécution est vivement sollicitée, 2,000 kilomètres, dont l'administration évalue la dépense à 550 millions, sont mis à l'étude. Ainsi, on semble admettre pour ces lignes secondaires les mêmes bases de dépense que pour le réseau actuel; on ne s'est pas encore expliqué complétement sur les combinaisons financières qui en permettront l'exécution, et qui doivent présenter les plus grandes difficultés. Remarquons en effet que ces lignes secondaires sont dans des conditions bien plus défavorables que le *nouveau réseau*.

Les anciennes lignes ont conservé avec celui-ci une certaine solidarité; elles lui réservent l'excédant de leurs produits nets; elles lui garantissent aussi le payement de la différence d'intérêt entre le taux de 4 pour 100 et celui auquel les Compagnies font leurs emprunts. Cette ressource manquera aux lignes nouvelles; de plus, elles seront beaucoup moins productives, car les lignes concédées actuellement ont été choisies parce qu'elles présentaient le trafic le plus important, et il en devait être ainsi, puisqu'on devait satisfaire d'abord les intérêts les plus pressants. Cependant la recette brute moyenne du nouveau réseau n'est évaluée qu'à 15,000 francs par kilomètre, et le produit net à 7,000 francs. Or, cette évaluation n'est pas trop faible, car la garantie de l'État paraît devoir être effective pour une partie de ces lignes. Le produit des chemins à concéder sera donc notablement en dessous de ce chiffre. En effet, suivant quelques études faites sur cette question, on ne doit compter que sur une recette brute kilométrique de 6 à 10,000 francs pour la plus grande partie d'entre eux.

Si donc les lignes à concéder devaient être exécutées et exploitées suivant les prescriptions du cahier des charges imposées indistinctement par l'Etat à toutes les Compagnies, prescriptions qui font ressortir à 280,000 francs au minimum la dépense kilométrique de premier établissement, et qui ne permettent pas de réduire les frais d'exploitation au-dessous de 7,000 francs, ces lignes ne pourraient être établies qu'avec des subventions considérables, et avec la garantie d'un minimum d'intérêt élevé, c'est-à-dire dans des conditions tellement onéreuses pour le trésor public, qu'elles équivaudraient à l'établissement gratuit de ces chemins par l'Etat, résultat qui n'est pas admissible.

L'administration supérieure est évidemment préoccupée de cette difficulté ; cela ressort du dernier exposé de la situation de l'Empire [1].

---

[1] Voici le texte du paragraphe auquel nous faisons allusion : « Le gouvernement. .
« . . . . Mais là ne s'est pas bornée son action ; il a, en outre, fait préparer l'étude
« de nouvelles lignes vivement sollicitées par diverses régions de l'Empire. Pour ces
« chemins, la question se présente sous un tout autre aspect que pour les concessions
« éventuelles. Il ne s'agit pas de constater l'utilité publique de chemins de fer déterminés

Il nous montre, en effet, que la solution de l'administration consisterait à « apprécier l'utilité relative de lignes qui s'excluent mutuellement, » c'est-à-dire à proposer chaque année une certaine quantité de lignes qu'elle exécutera sans dépasser, dans aucun cas, les dépenses à faire par l'Etat, que la loi de 1842 met à la charge du Trésor. Cela équivaut à un long ajournement des chemins réclamés.

Si nous avons atteint notre but dans ce court exposé, il doit paraître évident que la véritable solution pour la création du réseau secondaire, aujourd'hui reconnu indispensable, n'est pas dans des chemins d'une exécution dispendieuse avec l'intervention des finances de l'Etat, mais qu'elle se trouverait dans l'établissement de chemins exigeant un capital très-faible, soit du tiers au quart de la dépense kilométrique des chemins actuels, avec un régime d'exploitation très-économique. Ces conditions donneraient aux capitaux engagés dans ces sortes d'entreprises une rémunération suffisante ; ils y seraient donc attirés, et si, dans quelques cas, il était nécessaire, pour les stimuler, de leur offrir la garantie d'un minimum d'intérêt, cette garantie n'aurait, ainsi que pour les premières lignes établies, d'autre résultat que de leur donner un appui moral; elle pourrait donc être offerte sans inconvénient par les localités que les chemins doivent desservir ; cette manière d'opérer serait à la fois plus rationnelle et

---

« à l'avance, il faut apprécier l'utilité relative de lignes qui s'excluent mutuellement, et « mettre en concurrence des intérêts qui, considérés isolément, sont dignes, à des titres « divers, de la sollicitude des pouvoirs publics. Des questions aussi délicates semblent « ne pouvoir se résoudre que par des enquêtes comparatives, dans lesquelles tous les « intérêts, toutes les opinions pourront se faire entendre. Plus de 2,000 kilomètres de « lignes nouvelles, représentant une dépense d'environ 550 millions, ont été ainsi étu- « diés dans le cours de la dernière campagne. Tous ces projets sont déjà ou vont êtr e « prochainement soumis aux formalités d'enquête, et deviendront ensuite l'objet de « l'examen de l'administration supérieure. Le gouvernement puisera dans cette instruc- « tion les éléments des propositions qu'il aura à soumettre, en ce qui concerne les condi- « tions financières, à la sanction du Corps législatif. »

plus équitable qu'un système trop étendu de subvention par l'Etat. Elle ne serait d'ailleurs pas sans de grands avantages pour les localités, qui pourraient ainsi prendre l'initiative des travaux, et faire exécuter, dans très-peu d'années, le réseau des chemins secondaires.

Mais l'exécution de chemins de fer très-économiques, présentant la plus grande partie des avantages des lignes actuelles, est-elle possible ? Nous n'hésitons pas à l'affirmer.

Quand on examine les prix d'établissement des chemins exécutés en prévision de petits trafics, c'est-à-dire avec une seule voie et peu de matériel roulant, on voit que la dépense occasionnée par les acquisitions de terrains, par les terrassements, par les ouvrages d'art et les bâtiments, entrent pour les trois-quarts dans le prix total. Or, on pourrait supprimer la presque totalité de ces dépenses, en utilisant en partie les routes actuelles pour l'établissement des chemins de fer. Les routes de toute classe dont la France est sillonnée représentent un immense capital. Ce capital va être en partie stérilisé par celui qu'on appliquera aux nouveaux chemins de fer. N'est-ce donc pas une idée naturelle que de chercher à résoudre le problème en combinant ces deux éléments ? La dépossession des routes ordinaires par les chemins de fer du trafic qui les alimentait, a toujours porté un coup funeste aux localités, en frappant d'une moins-value considérable tous les établissements que le mouvement de la circulation en hommes et en choses y avait amené. De là, dans les premiers moments d'une exploitation, des concurrences passionnées que les Compagnies n'ont pas éteintes sans sacrifices. Si, au lieu de se priver des instruments de trafic ainsi organisés, de lutter contre eux, les chemins de fer avaient pu se les assimiler immédiatement, combien leurs commencements eussent été plus faciles et plus productifs !

La question est de savoir si, aujourd'hui, les progrès de la locomotion permettent de faire ce que l'art n'a pas permis jusqu'à présent; si l'établissement du chemin de fer peut se plier aux conditions d'établissement des routes; si la traversée du hameau, du village, des petites villes pourrait se faire en desservant l'auberge, la maison de roulage, la grosse manufacture, le moulin, par des trains circulant au milieu de tous les autres modes de locomotion, s'arrêtant dans le voisinage du marché, se pliant aux besoins de la localité et vivant de ces besoins. Si cela est possible, nul doute que ce ne soit un grand bien, un puissant moyen de réalisation du réseau secondaire, une base d'activité qui se populariserait rapidement, et familiariserait le placement dans ces entreprises des petites épargnes de l'habitant des campagnes. En un mot, nous proposons qu'on se serve des routes elles-mêmes, pour l'établissement des lignes secondaires, en posant à très-peu de frais la voie ferrée sur un accotement, ou au moins sur un élargissement très-peu coûteux de la route. C'est cette solution que nous allons développer, en examinant :

1° Si la *traction par machine* sera possible sur des voies ferrées posées sur des routes ;

2° Quel sera le *prix d'établissement* de 1 kilomètre d'un chemin de fer de cette nature ;

3° Si les *conditions financières* de l'entreprise, avec le trafic, les frais d'établissement et d'exploitation que nous supposons, sont suffisamment rémunératoires.

1° Traction par machines.

L'application des machines à la traction d'un chemin de fer établi sur une route soulève des objections dont nous ne devons pas dissimuler l'importance. Ecartons pour un instant toutes les difficultés techniques, et examinons cette grave question dans ses rapports avec les divers intérêts qu'elle peut atteindre.

Nous posons d'abord en principe que l'exploitation d'un chemin de fer par des machines, doit faire renoncer à cette communauté de la voie ferrée avec la route qui constitue ce qu'on appelle la *voie américaine*.

Lorsqu'une voie américaine est posée sur une route macadamisée fréquentée, il est aujourd'hui prouvé qu'elle porte à la circulation un très-grave préjudice et entraîne d'énormes frais d'entretien. La cause en est dans la fixité relative du plan des voies qui, solidement assises sur une forme incompressible, ne subissent, même par un long usage, qu'un très-faible affaissement, tandis qu'autour d'elles la chaussée s'use incessamment, met en saillie les rails et force à des rechargements continuels. De là un obstacle très-gênant et très-désagréable pour les voitures légères et rapides, et une difficulté réelle pour les voitures lourdes, dont une roue tend toujours à s'engager dans l'ornière creusée le long du bord extérieur de chaque rail, et ne peut la quitter pour éviter le train qu'avec un grand effort. Sur les routes pavées, au contraire, tous ces inconvénients disparaissent : la permanence de la surface générale de la chaussée étant assurée, le rail ne se déchausse plus; il ne forme plus d'obstacle à la circulation, soit longitudinale, soit transversale; les voitures ordinaires peuvent, au contraire, s'en servir au moins pour une de leurs roues, et, si ce rail est creux, cet usage n'est pas préjudiciable à la voie ferrée, en ce qu'il n'amène pas dans la gorge les détritus qui, sur les routes macadamisées, rendent souvent presque illusoire l'emploi du rail américain.

La solution est donc tout indiquée pour nous; nous traverserons les villages et les travaux d'art au milieu de la voie commune, en prenant la simple précaution de paver la route à ces endroits, si toutefois elle ne l'est pas. Sur tout le reste du parcours, nous devons au contraire séparer avec soin la voie ferrée de la voie commune, et dès lors ne nous imposer aucune gène pour le choix du système de voie. La charge que les rails auront à supporter, la nécessité d'avoir par suite une voie solide et durable, conduit à l'adoption de rails saillants. Nous adoptons donc la *voie à rails saillants*.

Mais ici nous allons soulever une foule d'objections.

Est-il possible d'enlever aux routes actuelles un accotement sans les restreindre de manière à rendre la circulation impossible sur la partie restante? Ne résultera-t-il pas du voisinage immédiat du chemin de fer un danger réel pour les voitures qui parcourront la route? L'établissement du chemin de fer sur un côté de la route ne séparera-t-il pas de cette route tous les propriétaires riverains qui en jouissaient librement?

Ces objections méritent sans doute une étude approfondie, mais nous espérons montrer qu'aucune d'elles ne peut conserver assez de force pour être mise en balance avec les avantages considérables que présente le système que nous proposons.

Examinons d'abord la première difficulté, l'emprise faite sur la route même.

S'il ne s'agissait que de routes impériales, nous nous croirions dispensés de répondre ; les chiffres parlent d'eux-mêmes. On sait que la largeur des routes impériales varie de 14 mètres à 10 mètres, non compris les fossés. Nous avons besoin d'une emprise de 3 mètres. Cette réduction peut être opérée sur ces routes sans porter le moindre préjudice à la circulation. Mais l'idée que nous poursuivons n'est évidemment pas destinée à trouver ses applications les plus heureuses et les plus utiles sur les routes impériales. Il faut qu'elle se prête à la transformation bien plus intéressante des chemins de communication secondaire. Or, la largeur d'une route départementale varie de 8 mètres à

10 mètres. Supposons d'abord qu'il s'agisse d'une route départementale de 8 mètres de largeur totale.

Dans ce cas, le profil transversal de la route se compose ainsi qu'il suit :

Largeur de la chaussée.	4m	ou 5m
Largeur de chaque accotement.	2	ou 1 ,50
Total.	8m	ou 8m

Plus, de chaque côté de la route, un fossé de 1m,50 de largeur, ce qui fixe l'emprise totale à 11 mètres. Tel est le minimum de largeur des routes départementales.

La chaussée se profile transversalement suivant un arc de cercle, de manière que les eaux se divisent en deux parties et vont s'écouler de part et d'autre de l'axe de la route dans chaque fossé.

Mais cette disposition n'est nullement nécessaire, et il n'y aurait aucun inconvénient à construire les routes avec une seule pente transversale, de manière à rejeter toutes les eaux dans un seul fossé. Aucune objection valable ne peut être soulevée contre cette disposition. En effet, elle est, d'abord, déjà adoptée souvent lorsque la route est accolée au flanc d'une montagne ou d'un coteau, et, d'ailleurs, les routes impériales, qui ont une largeur presque double, n'offrent que deux pentes, dont chacune représente, par conséquent, un profil de route à peu près semblable à celui que nous proposons.

Ainsi, rien ne s'oppose à une modification du profil de ces routes, qui aurait pour but, en les mettant à une seule pente, de supprimer un fossé, et cette disposition nous offre une solution tout à fait satisfaisante ; en effet, l'emprise du chemin de fer, qui exige 3 mètres, prendrait la place du fossé actuel, plus 1m,50 d'accotement. Il resterait donc à la route 0m,50 de l'accotement occupé, la chaussée tout entière et le deuxième accotement.

Pour mieux utiliser la surface restant à la route, on pourrait augmenter l'accotement pris par le chemin de fer aux dépens du second. Les dépôts de matériaux se feraient alors le long du chemin de fer et présenteraient l'avantage d'en éloigner les voitures.

Ainsi, dans ce cas, le profil de la route se composerait comme il suit :

Un accotement de $1^m,50$ bordant le chemin de fer et portant les dépôts de matériaux ; la chaussée de 4 mètres, un accotement de 1 mètre et le fossé, ou bien la chaussée de 5 mètres et le fossé.

Nous n'hésitons pas à affirmer que cette solution, au point de vue de l'emplacement laissé à la circulation de la route, est absolument satisfaisante. Elle ne blesse aucun intérêt sérieux, quand même l'établissement du chemin de fer n'aurait pas pour effet d'absorber une grande partie des transports de la route.

Le profil de route que nous venons d'examiner représente à peu près le cas le plus défavorable qu'on puisse rencontrer dans l'application. On peut dire *à priori*, en effet, qu'il ne sera intéressant d'établir un chemin de fer que pour relier des points entre lesquels il existe déjà un trafic important et par conséquent en général une voie de largeur moyenne.

Si l'on a affaire à un chemin vicinal de grande communication, la seule différence est que, le fossé n'ayant que 1 mètre de largeur, le second accotement n'aurait que 1 mètre au lieu de $1^m,50$, ce qui est encore tout à fait suffisant.

Enfin, pour le cas très-particulier où l'on ne disposerait que d'un chemin de moins de 8 mètres de largeur totale, il faudrait augmenter la largeur de la route ; nous examinerons spécialement cette solution.

L'établissement d'un chemin de fer sur une route est donc généralement facile sans nuire à la circulation de la route, au point de vue de l'emplacement. Mais n'est-il pas à craindre que ce voisinage inaccoutumé n'occasionne des accidents fréquents ? Nous allons voir que tous les faits concordent pour démontrer qu'à l'aide de certaines précautions on peut écarter toutes chances d'accidents.

Nous n'avons pas à parler des piétons auxquels l'établissement de la voie ferrée, absolument séparée de la route, ne peut faire courir aucun danger. La véritable objection porte sur les voitures.

Trois causes effrayent les chevaux en pareille occasion : la vitesse, le bruit, la forme ou la couleur inusitée de l'objet.

Nous proposons de parcourir 20 kilomètres par heure, vitesse à peu près égale à celle d'une malle-poste. Personne n'ignore qu'avec cette faible vitesse, le bruit est peu sensible. Sous ce double rapport nous n'introduisons donc pas de conditions nouvelles. Quant à la forme et à la couleur du train, c'est un fait d'expérience que les chevaux s'y habituent rapidement. Nous voyons des chevaux supporter sans broncher, à un passage à niveau, le bruit vraiment effrayant d'un train express lancé à grande vitesse, à quelques mètres de leurs yeux. Sur beaucoup de points, nos chemins de fer longent des grandes routes, sans que personne s'en inquiète, et si la distance qui les sépare est un peu plus grande, elle est bien largement compensée par les conditions si différentes de la vitesse et du bruit. La ville de Nantes est traversée dans sa plus grande longueur et sur le quai de la Loire, où la circulation est la plus active, par les trains du chemin de fer de Saint-Nazaire.

A l'étranger les exemples analogues abondent ; il nous suffira de rappeler que la plupart des chemins de fer de houillères en Belgique traversent des villages populeux au milieu des rues, sans clôtures, et sans qu'on les signale comme une cause d'accidents [1].

Ce n'est pas à dire pourtant qu'on ne puisse indiquer une série de précautions très-faciles à prendre et qui arriveront à rendre vraiment nuls les dangers du voisinage des chemins de fer.

D'abord, la disposition que nous avons proposée sépare la chaussée du chemin de fer par un accotement de 1m,50 de largeur.

Cet accotement est surélevé de 0m,20 par rapport à la chaussée, et, du côté du fossé, on peut avec grand avantage disposer un petit trottoir formant la même saillie. Ces deux bordures, bien que ne présentant pas un obstacle matériel considérable pour les chevaux, ont pourtant une influence notable, en leur signalant la direction qu'ils doivent suivre et que leur instinct les porte à conserver.

Il n'y aurait aucune difficulté à clore le chemin de fer du côté de la route, soit avec un treillage, soit avec des pieux et des lisses, suivant les ressources du pays. Cette séparation, si légère qu'elle soit, tendra beaucoup à rassurer les chevaux.

Si la route flanque un coteau, on peut augmenter l'importance de toutes ces précautions, accroître la saillie des bordures, mettre un garde-corps extérieur, mieux clore le chemin de fer.

Enfin, il faut admettre que le chemin de fer lui-même se prêtera aux circonstances. On peut, à la rencontre d'une voiture, ralentir la marche du train déjà si faible, supprimer l'échappement de la locomotive, etc. Avec cet ensemble de précautions nous avons la conviction profonde que le voisinage du chemin de fer sera sans aucun danger pour la circulation de la route, et que le pays tra-

[1] C'est ainsi au grand Hornu près de Mons. A Berlin, un chemin de fer traverse, sans clôture, une des principales avenues de la ville. A Gênes, sur les quais, en Amérique, à Philadelphie, etc., il en est de même ; nous pourrions multiplier indéfiniment ces exemples.

versé jouira sans inconvénient du bénéfice net d'une immense ressource de transports.

Nous n'avons qu'un mot à dire des intérêts riverains de la route. Actuellement, les propriétaires n'ont nullement la faculté d'aborder la route sur toute sa longueur ; l'existence du fossé offrant un obstacle absolu au moins aux voitures. Nous ne changerons rien au régime actuel. La clôture que nous proposons n'est pas une défense du chemin de fer contre la route, la sécurité des riverains est son unique raison d'être. Il n'y a donc aucun inconvénient à ce qu'elle présente un grand nombre de parties mobiles pour les piétons ; les voies transversales, quelles qu'elles soient, seront traversées par des passages à niveau économiques. Loin d'apporter un trouble ou une dépréciation quelconque dans la propriété locale, l'établissement du chemin de fer sera une cause puissante de plus-value ; et nous avons la conviction que, si les populations intéressées étaient appelées à émettre leur avis, elles insisteraient pour voir ainsi la circulation se perfectionner, sans se déplacer en emportant avec elle toutes les industries qu'elle fait vivre.

Quant aux traversées de villages et de travaux d'art, nous avons dit plus haut qu'elles seraient effectuées au moyen de rails non saillants, au milieu de la chaussée, qui sera pavée dans toute la longueur du passage.

Lorsque la route présentera une largeur insuffisante, il faudra nécessairement procéder à un élargissement. Bien que ce sacrifice doive être évité autant que possible, il faut remarquer que les dépenses qu'il occasionnera ne peuvent être mises en parallèle avec celles qui résultent d'un chemin de fer ordinaire.

En premier lieu, le supplément de terrain qu'il faudra demander à l'expropriation coûtera très-peu par sa forme même et par sa position latérale à la route. Celle-ci ayant déjà effectué et payé le morcellement de la propriété, l'indemnité pour le chemin de fer n'a plus à payer que la valeur de la surface, ce qui est peu de chose ; ce qui même, la plupart du temps, devra n'être rien, si l'on tient compte de la plus-value.

Les travaux proprement dits se borneront à quelques terrassements très-faibles, et rendus exceptionnellement faciles par suite du voisinage de la route.

Ainsi donc, quand bien même notre solution n'emprunterait rien au sol de la route, elle reste encore la plus économique qu'il soit possible d'imaginer.

Nous croyons avoir répondu sommairement à toutes les objections étrangères au côté technique de la question, que peut soulever l'établissement sur une route d'un chemin de fer exploité à l'aide de machines. Il nous faut, maintenant, définir les conditions d'établissement d'un semblable chemin de fer, sous le double point de vue technique et commercial. Nous touchons au point capital du problème, mais c'est aussi le plus simple, car nous n'avons qu'à nous appuyer sur des faits bien établis, qui offrent à nos conclusions des bases certaines et indiscutables.

Les machines peuvent-elles être employées avec avantage à l'exploitation d'un chemin de fer établi sur une route? La seule différence avec les chemins de fer actuels est la forte inclinaison des rampes jointe au très-petit rayon des courbes. La disposition du matériel spécial que nous proposons lève complétement cette dernière difficulté ; nos machines et nos waggons, construits sur un système analogue à celui du matériel américain, tourneraient très-facilement dans un rayon de 25 à 30 mètres. Or, il suffit d'admettre un rayon de 100 mètres minimum pour les courbes, pour que toute difficulté réelle soit levée. Généralement, les rampes d'une route ne dépassent guère $0^{m},05$, à moins qu'il ne s'agisse de tracés spéciaux ou très-anciens, de passages de montagnes, en un mot de cas particuliers que nous pouvons écarter complétement pour le moment ; et, dans la plupart des cas, on peut dire que les pentes de $0^m,05$, même sur les routes où elles sont admises, sont rares et courtes; celles de $0^m,03$ à $0^m,04$ sont plus fréquentes, mais les dépenses nécessaires pour ramener toutes ces rampes à un maximum de $0^m,03$ à $0^m,04$ seraient très-faibles. La question à étudier se réduit donc à savoir si l'exploitation à l'aide de machines sur des rampes de $0^m,03$, $0^m,04$ ou même $0^m,05$ est possible et fructueuse. A l'aide d'un matériel spécial que nous allons décrire succinctement, cette exploitation est, en effet, facile au point de vue technique.

Nous rappellerons en premier lieu que ce problème a été théoriquement résolu par M. E. Flachat dans son *Étude sur la traversée des Alpes*, dans des conditions plus difficiles sous tous les rapports, et pour des rampes de $0^m,05$ à $0^m,06$. Nous n'avons donc qu'à adopter dans leur essence les dispositions indiquées par M. Flachat, en les simplifiant. De plus, pour fournir une solution complète, nous n'avons rien à inventer. Tous les éléments de cette solution ont été soumis à l'expérience, nous nous bornons à les réunir.

En effet, la machine américaine fournit l'exemple de machines pouvant circuler dans des courbes de très-faibles rayons.

Le chemin de *Baltimore and Ohio*, notamment, traverse les Alleghanys avec des rampes de 55^{mm} et des courbes de 110 mètres de rayon. Dans les rues de Baltimore, que ce chemin traverse, la traction se fait avec des chevaux, mais le matériel roulant tourne dans des rues à angle droit.

Quant aux exemples de pentes de 0,03 à 0,04 par mètre, ils abondent, même en Europe. Une section de 11 kilomètres du chemin de fer de Turin à Gênes, celle de Pontedecimo à Busalla, présente une inclinaison moyenne de 28^{mm}, et la pente maxima s'y élève jusqu'à 35^{mm}; il est vrai que le rayon minimum des courbes est de 400 mètres.

Le célèbre passage du Semmering, sur le chemin de fer de

Vienne à Trieste, présente des pentes de 25^{mm}, avec des courbes de 180 mètres de rayon. Le progrès réalisé étant toujours la conséquence d'un besoin nouveau, le passage du Semmering a conduit à la construction de machines spéciales du plus haut intérêt, et nous aurons à parler plus loin de la *Wiener-Neustadt,* et de la *Seraing,* qui ont rempli des conditions si voisines de celles que nous nous sommes posées ; et cependant, à peine exécutées, elles ont été remplacées avec avantage par les machines Engerth.

En un mot, nous n'avons à faire qu'un pas de plus, et nous arrivons en réunissant des éléments épars, mais consacrés par l'expérience, à la solution complète du problème de la traction sur des tracés à grandes pentes et à courbes de faibles rayons.

Les conditions générales auxquelles doivent satisfaire les machines sont intimement liées aux conditions d'établissement de la voie ; nous devons donc d'abord dire quelques mots de cette dernière.

Elle dépend elle-même du trafic.

Si le trafic est très-faible, on ne sacrifiera pas de gros capitaux à l'établissement d'une voie coûteuse.

Ainsi, dans ce cas, nous adopterons une voie légère et un matériel léger.

Si au contraire le trafic est assez important, ou doit subir un rapide accroissement, rien ne s'oppose à l'établissement d'une voie aussi solide que celle des grandes lignes, et pouvant également supporter de lourdes charges.

Dans ce cas nous adopterons en effet la même voie, le rail le plus lourd, et par suite nous pourrons admettre des machines très-puissantes, pesant 40 tonnes et même plus.

Or il est évident, et au besoin on s'en convaincra dans le cours de cette étude, que l'hypothèse la plus défavorable à notre recherche est celle d'une voie et d'un matériel léger ; si la question est examinée et résolue dans ces conditions, la solution sera encore meilleure pour de gros trafics.

Nous nous occuperons donc d'abord des chemins à très-faible trafic, de ceux qu'on peut considérer comme à la limite inférieure de l'échelle, et qu'on devrait déclarer inexécutables avec toutes les ressources actuelles.

Les rails adoptés pour la voie devant être assez faibles, nous nous imposerons comme limite de charge supportée par un essieu un poids de 6 tonnes, c'est environ la moitié du poids de l'essieu le plus chargé dans les locomotives ordinaires.

Les machines seront du poids de 24 tonnes toutes chargées. Elles se composeront essentiellement d'une chaudière faisant corps avec le tender. Cette chaudière sera supportée à ses deux extrémités au moyen de pivots par deux trucks américains qui porteront chacun un appareil mécanique complet. Chacun de ces trucks reposera sur deux essieux couplés mis en mouvement par deux cylindres extérieurs.

Cette disposition a pour but d'utiliser pour l'adhérence le poids intégral de la machine. De plus, la faible base de cette machine lui permettra de tourner dans un rayon de 25 à 30 mètres avec la plus grande facilité.

Nous disposons donc, pour l'adhérence, d'un poids minimum de 18 tonnes ; dans les circonstances les plus défavorables, l'adhérence ne pouvant devenir inférieure au 1/6 du poids des essieux moteurs[1], l'effort de traction que la machine pourra exercer sans patiner sera $\frac{18^t}{6} = 3{,}000$ kilogrammes.

Le poids du train qu'une machine de cette puissance pourrait remorquer sur une rampe de $0^m,03$ par mètre est de 85 tonnes.

---

1 L'adhérence peut varier du 1/3 au 1/10 du poids, suivant l'état des surfaces en contact, mais à moins de circonstances tout à fait exceptionnelles, on peut toujours compter sur le 1/6 au moyen de quelques précautions, telles que l'emploi du sable, etc.

Si nous retranchons de ce chiffre le poids de la machine, 18 tonnes, il reste pour le poids du train 67 tonnes, qui donneront environ 40 tonnes de poids utile.

Le poids x du train qui pourra être remorqué sur la pente de $0^m,03$, par cette machine, sera donné par l'équation :

$$\frac{x}{200}+\frac{3x}{100}=3\text{, d'où } x=85^t,7\text{, soit 85 tonnes.}$$

Sur la même rampe de $0^m,03$, une machine pesant 24 tonnes toute chargée, dont le poids ne descendrait jamais au-dessous de 22 tonnes, remorquerait 82 tonnes de poids brut de train. Cette machine ne chargerait le rail que de 6 tonnes par essieu, et ne sortirait pas de la limite de charge que notre rail nous impose.

Sur une pente de $0^m,04$ par mètre, la même machine remorquerait 59 tonnes brutes [1].

Sur une rampe de $0^m,05$, une machine de même poids remorquerait 44 tonnes [2].

Sur une rampe de $0^m,03$, une machine pesant, toute chargée, 43 à 44 tonnes, 36 tonnes, vide, mais ne descendant jamais en marche au-dessous de 40 tonnes, remorquerait 149 tonnes [3].

Tels sont les poids que les machines pourront remorquer sur les pentes que nous avons supposées. On voit que le passage d'une pente de $0^m,03$ à une pente de $0^m,05$ diminue de près de moitié le poids du train qu'une même machine peut remorquer. Nous

---

1 L'effort de traction correspondant à l'adhérence est $\frac{22^t}{6}=3{,}666^k$. Le poids total remorqué x est donné par l'équation : $\frac{x}{200}+\frac{4x}{100}=3^t{,}666$; d'où $x=81^t{,}4$, en déduisant le poids de la machine, 59 tonnes.

2 Le poids remorqué est donné par l'équation : $\frac{x}{200}+\frac{5x}{100}=3{,}666^k$; d'où $x=66^t{,}2$. En déduisant le poids de la machine, il reste pour le train 44 tonnes.

3 L'adhérence est dans ce cas d'environ $6{,}700^k$, et le poids brut correspondant est $191^t{,}4$. En retranchant le poids de la machine, il reste pour le train 149 tonnes.

verrons plus loin quel résultat donnera une exploitation industrielle basée sur ces chiffres. Examinons d'abord le prix d'un kilomètre de notre chemin.

2° Prix d'établissement.

La voie aura 1^m,50 d'écartement, comme celle des grandes lignes ; la largeur totale de l'emprise faite sur la route pour son établissement sera de 3 mètres ; mais en réalité cette emprise n'occupera jamais au maximum plus de 1^m,50 de largeur utile à la route.

La faible charge supportée par la voie, la faible vitesse des trains, nous permettent d'adopter un rail très-léger. Ce rail sera analogue au rail Brunel ou au rail Vignole ; il pèsera de 17 à 18 kilogrammes par mètre ; il sera posé sur des longrines de 0^m,22 sur 0^m,15, réunies de 3 mètres en 3 mètres par des boulons d'écartement.

Cette voie toute posée coûtera 20,000 francs par kilomètre, suivant le devis ci-après :

Devis de 1 kilomètre de voie avec rails Brunel de 18 kilos.

DÉSIGNATION DES PIÈCES.	QUANTITÉS.	POIDS TOTAL.	PRIX de la tonne ou de l'unité.	PRIX TOTAL.
		Kilogr.	Fr.	Fr.
Rails	400	36,000	150	9,000
Crampons	6,400	1,280	400	512
Selles d'assemblage de rails.	400	450	400	180
Boulons pour joints des longrines	400	100	700	70
Boulons pour écartement des longrines	333	1,500	600	900
Longrines	400	»	70	3,465
Pierraille ou balast	600	»	5	3,000
Pose (goudron compris)	»	»	2	2,000
			Total	19,127
			Imprévu	873
			Ensemble	20,000

Le prix d'une voie ordinaire, avec rails Vignole, pesant 37 kilogrammes par mètre courant, se composerait comme il suit :

Prix de 6 mètres de voie simple avec rails Vignole [1].

DÉSIGNATION.	QUANTITÉS.	POIDS.	Prix des 1,000 kilogrammes ou de la pièce.	PRIX TOTAL.
		Kilogr.	Fr.	Fr.
Rails de 6 mètres	2	444	218	96,792
Eclisses	2	9.4	238	2,237
Tire-fonds	28	7.42	410	3,042
Boulons	4	1.70	410	0,697
Traverses	7	»	6	42 »
			Total	144,768

[1] Ces prix sont ceux que paye actuellement le chemin de fer du Nord français.

Le prix du mètre courant de voie simple est de $24^f,12$. 1 kilomètre de cette voie coûtera donc :

Voie proprement dite.	24,120 francs.
Balastage..	3,000
Pose..	2,000
Total.	29,120 francs.

Ainsi, suivant que l'on construira la voie pour supporter des machines légères pesant au plus 6 tonnes par essieu, ou de puissantes machines pesant 10 tonnes par essieu, on peut admettre que le prix de la voie variera de 20,000 francs à 29,120 francs par kilomètre.

Continuons l'examen du prix d'établissement d'une ligne, en faisant abstraction, pour le moment, du matériel roulant, qui entrera plus loin dans nos calculs.

S'il s'agit d'un chemin à très-faible trafic, qu'on puisse établir sur l'accotement même de la route, la dépense pour l'établissement complet de la voie sera [1] :

	Prix par kilomètre.
Voie proprement dite.	20,000 francs
Garages et évitements, 5 pour 100.	1,000
Accessoires de la voie.	
Changements de voie.	370
Plaques tournantes..	433
Alimentations d'eau..	533
Signaux	120
Total.	22,456 francs.

Soit 22,500 francs.

Il faut ajouter à cette somme le capital nécessaire à la réduction des pentes de la route au maximum de $0^m,05$, $0^m,04$ ou $0^m,03$, sui-

[1] Ce devis se rapporte à un avant-projet de ligne de 30 kilomètres de longueur, ayant

vant l'hypothèse. Nous ne pouvons fixer une valeur à cette dépense essentiellement variable ; mais il est certain que, même dans le cas de l'adoption de rampes maximum de $0^{m},03$, elle ne représente généralement qu'une très-faible somme.

Pour un chemin à trafic important, pour lequel on adopterait la voie actuelle des grandes lignes, qui serait accolée à la route et ne lui emprunterait que la traversée commune de ses travaux

---

2 stations de tête, 1 station intermédiaire avec voie d'évitement pour le croisement de 2 trains et 1 garage pour waggons, 2 stations avec 1 simple garage pour waggons.

Les accessoires de la voie comprendraient :

1° pour une station de tête :		
1 changement à 3 voies complet.	2,200 francs.	
1 changement à 2 voies complet.	1,200	
1 plaque tournante pour machine	6,500	
1 alimentation d'eau avec tous ses accessoires.	8,000	
1 disque signal avec ses accessoires. . . .	450	
Total.	18,350	
Soit pour 2 stations.		36,700 francs.
2° pour 1 station avec voie d'évitement :		
3 changements à 2 voies complets. . . .	3,600 francs.	
2 disques signaux	900	
Total.	4,500	4,500
3° pour 1 station avec simple garage :		
1 changement de voie.	1,200 francs.	
2 disques signaux.	900	
Total.	2,100	
Soit pour 2 stations.		4,200
Total.		45,400

Dans ce devis, les stations ne sont, à proprement parler, que des garages. La machine irait prendre le train chargé dans les rues de la ville, sinon des chevaux sortiraient le train de la ville comme à New-York.

d'art et des villages, sur le milieu de la chaussée, la dépense par kilomètre se composerait comme il suit[1] :

Voie..	29,120f,00
Garages et évitements, 5 pour 100.	1,402 ,50
Accessoires de la voie.	
Changements, croisements, traversées.	260 ,00
Plaques tournantes	240 ,00
Alimentations.	400 ,00
Signaux	100 ,00
Expropriations.	3,000 ,00
Travaux divers..	6,000 ,00
Total.	40,522f,50

Soit 41,000 francs.

Tels sont les deux chiffres extrêmes entre lesquels seront comprises toutes les solutions spéciales. Nous n'entendons nullement nous attacher à une conclusion trop absolue. Nous n'insistons même pas plus qu'il ne convient sur la concession au chemin de fer d'un accotement de la route. En tenant compte des travaux d'appropriation de cette dernière, le détail ci-dessus nous montre que l'accolement à la route ne cause guère qu'un accroissement de dépenses de 8,000 à 10,000 francs par kilomètre, d'autant plus que cette disposition dispenserait certainement de clôtures. Mais que l'on considère, soit cette limite, soit notre chiffre maximum de 41,000 francs, est-il possible de ne pas être frappé de pareils résultats ?

Nous ne serons pas étonnés que quelques chiffres de nos évaluations semblent faibles, si on les compare aux dépenses analogues des grandes lignes. C'est qu'il faut, en effet, faire abstraction de ce point de comparaison, pour comprendre ce que doit être le chemin de fer, pour ainsi dire *vicinal.*

Nous supposons en moyenne un garage tous les 10 kilomètres,

[1] Le détail de ce devis est donné plus loin, page 36, pour une ligne de 100 kilomètres.

avec un quai en terre et tout au plus un abri en planches. Ainsi que nous l'avons dit en effet, nous supprimons complétement les bâtiments des stations.

3° Conditions financières.

Examinons maintenant les conditions financières dans lesquelles se trouveraient des lignes ainsi établies. Nous le ferons au moyen de cinq exemples qui comprennent à peu près tous les cas particuliers.

Nous avons exposé plus haut, soit explicitement, soit implicitement, les principales données qui nous sont nécessaires. Les frais du matériel roulant se trouveront fixés dans chacun des exemples, d'après les principes que nous avons posés en parlant de la traction par machines ; c'est parce que ces frais dépendent du trafic que nous ne les avons pas déterminés d'avance. D'autres chiffres, qui ne sont point particuliers à notre système, mais que nous empruntons à la pratique journalière des chemins de fer, n'ont pas besoin d'être mis en évidence. Il nous reste seulement, avant d'aborder nos cinq exemples, et pour compléter les données essentielles, à parler de l'exploitation et du tarif.

Exploitation. — Elle procède avec une extrême simplicité. Comme sur les grands chemins de fer agricoles des Etats-Unis, dont M. Douglas Galton nous a donné une description si intéressante, le train porte avec lui, outre son propre personnel, les agents nécessaires au mouvement, il présente une certaine analogie avec un navire ayant à bord son équipage complet.

La recette des voyageurs a lieu dans les trains; les soins de conservation, d'expédition, de chargement, de déchargement et de réception des marchandises sont du ressort de l'expéditeur ou du commissionnaire de roulage, suivant que la marchandise est expédiée directement ou par un intermédiaire. Les écritures se font, comme celles de la poste, dans le fourgon des bagages. Un seul agent stationnaire contrôle l'énoncé du poids ; là où le trafic est important, le chemin de fer a un bureau en ville ; c'est, en un mot, le service combiné des messageries et du roulage, tout le service actif du mouvement, et, par conséquent, la dépense, étant laissé aux expéditeurs et réceptionnaires. Les expéditions bureau restant sont confiées, moyennant un tarif, à la charge des expéditeurs au commissionnaire de roulage de l'endroit ou à l'aubergiste. C'est aux garages que le personnel se croise et échange les ordres de service et les explications nécessaires. Ainsi, le personnel sédentaire du trafic étant payé par les tarifs de manutention et garde des colis, le personnel, proprement dit des chemins de fer, est mobile, c'est celui du train. Là se bornent les dépenses du mouvement.

Tarif. — Ici encore la comparaison avec les grandes lignes qui transportent toutes les mêmes marchandises à des tarifs à peu près uniformes, pourrait conduire à des conclusions absolument inapplicables. Il nous faut en effet rappeler un principe effacé aujourd'hui par l'uniformité des charges imposées aux Compagnies, mais dont il n'est pas moins vrai qu'on ne pourra pas s'écarter pour des chemins à faible trafic : le tarif doit varier avec le trafic, et dans de grandes proportions. Nous ne chercherons donc pas d'une façon générale à adopter les tarifs des grandes lignes et nous nous bornerons à effectuer les transports à meilleur marché que les messageries et le roulage. Le tarif s'abaissera à mesure que le trafic se développera. Voyons quelle est la limite supérieure que nous pouvons atteindre actuellement.

L'ancien roulage accéléré français portait ses frais de traction proprement dits à 0f,125 par tonne et par kilomètre. A ce chiffre il ajoutait environ 5 centimes de frais généraux, ce qui fixe le prix réel à $0^{f},17$ pour des distances un peu considérables. Cette base peut être vérifiée sans peine au moyen des prix exigés par le roulage au moment de la lutte avec les Compagnies de chemins de fer. Les prix qu'il demandait alors variaient entre $0^{f},16$ et $0^{f},19$. Nous devons donc considérer le prix de $0^{f},16$ à $0^{f},17$ comme la limite supérieure de tarif que nous pourrions demander. Au prix de $0^{f},16$, le public ne trouverait aucun avantage à l'usage du chemin de fer.

Nous voyons pourtant à l'étranger des exemples de chemins de fer qui, en présence d'une concurrence presque identique, peuvent soutenir des tarifs très-voisins de cette limite. Ainsi, le chemin de fer de Turin à Gênes perçoit sur les marchandises à petite vitesse des tarifs qui varient de $0^{f},16$ à $0^{f},10$, sans compter un droit fixe. En France même, le chemin de fer de Saint-Etienne transportait récemment des houilles à $0^{f},11$.

Il est donc incontestable qu'un tarif moyen de $0^{f},12$ peut être adopté pour des lignes à très-faible trafic, en offrant au public un avantage réel ; et c'est de cette base que nous partirons.

Quant aux voyageurs, le prix de revient du transport par diligence paraît être de $0^{f},06$ à $0^{f},07$; il convient d'adopter le premier chiffre. Les voyageurs auront pour avantage la vitesse.

Nous examinerons d'ailleurs le cas opposé, où le trafic étant suffisant, nous pouvons adopter les tarifs moyens des grandes lignes.

Tout cela posé, entrons dans la discussion de nos cinq exemples et voyons quel sera dans chacun d'eux le bénéfice des capitaux.

Dans les quatre premiers, nous supposons que la longueur du chemin à établir est de 30 kilomètres, cette longueur nous paraissant un minimum au-dessous duquel on ne peut lutter contre le roulage. Dans le cinquième, nous considérons un chemin de 100 kilomètres ayant un trafic relativement élevé.

Premier exemple. — *Chemin de fer de 30 kilomètres de longueur, établi sur une route avec des rampes maximum de* 0^{m},03 *par mètre.*

Nous supposons que le trafic annuel sur la ligne à établir représente 7,500 francs par kilomètre, dont 25 pour 100 produits par les voyageurs[1] et 75 pour 100 par les marchandises.

Les tarifs moyens sont de 0^{f},06 pour les voyageurs et de 0^{f},12 pour les marchandises.

Ces chiffres correspondent à un mouvement de :

31,250 voyageurs effectuant un trajet complet par an, soit. .	86 par jour.
46,875 tonnes *idem.*	128 —

Le poids brut représenté par ce trafic journalier est de 234 tonnes environ.

Les plus lourdes machines qui puissent circuler sur notre voie, pesant 24 tonnes toutes chargées, remorquent 82 tonnes de poids brut de train. Le poids brut de 234 tonnes représente donc environ le chargement complet de trois trains. Nous supposerons qu'il en faudra six pour satisfaire au service. C'est-à-dire que, comme sur les grandes lignes, nous supposons que le rapport du plein au vide sera pour tous nos trains de 50 pour 100. Le capital d'établissement de la ligne se compose comme il suit :

30 kilomètres de voie et accessoires à 23,000 francs le kilomètre, avec clôtures, garages, évitements, etc. .	690,000 francs.
5 machines[2] à 30,000 francs l'une	150,000
4 voitures à 60 places[3], 10,000 francs l'une	40,000
A reporter.	880,000 francs.

[1] Sur les grandes lignes, ce rapport est de plus de 30 pour 100, mais il tend à diminuer; il est probable qu'il serait moindre dans le cas qui nous occupe. Il est clair, d'ailleurs, que nous nous plaçons dans des conditions défavorables.

[2] Chaque machine effectuera 23,000 kilomètres par an.

[3] Une voiture transporte au chemin de fer du Midi 285,000 voyageurs à 1 kilomètre par an ; nous devons en transporter 937,500 ; quatre voitures suffiront largement.

Report.	880,000 francs.
21 waggons [1] à 4,500 francs l'un (avec bâches et accessoires).	94,500
Petit matériel, mobilier et agrès divers.	30,000
Ateliers de réparation, dépôt et outillage.	40,000
Abris divers et stations.	10,000
	1,054,500 francs.
Imprévu, 10 pour 100.	105,450
Soit 1,200,000 francs.	1,159,950 francs.

Compte d'exploitation.

Un train portera quatre employés :

1 conducteur (appointements mensuels), de	. . . .	200 francs.
1 mécanicien, —	. . . .	200
1 chauffeur, —	. . . .	100
1 garde-frein, —	. . . .	100
		600 francs.

Pour un mouvement de six trains par jour, il faudra deux fois ce personnel, ou 14,400 francs par an.

En prenant pour bases les chiffres officiels qui nous sont fournis par les grandes compagnies actuelles, en rapportant toutes les dépenses à un train transporté à 1 kilomètre, le coût du train kilométrique s'établira comme il suit :

Traction.	
Conduite de la machine.	0f,110
Combustible, 12 kilogrammes à 25 francs la tonne.	0 ,300
Graissage de la machine, 30 grammes d'huile à 1f,20. . . .	0 ,036
Entretien du matériel et graissage, à raison de 6 véhicules par train, à 0f,013 par véhicule [2].	0 ,078
Entretien de la machine, à raison de 0f,18 par kilomètre. .	0 ,180
Surveillance et entretien de la voie (1,400 fr. par kilomètre [3]).	0 ,040
Administration centrale (40,000 fr. par an) et mouvement.	0 ,718
Total.	2f,062

[1] Chaque waggon transportera par an 67 000 tonnes kilométriques.

[2] Ce prix de revient est celui du chemin de fer du Midi en 1859.

[3] Ce chapitre a coûté en 1859 au chemin du Midi 2,300 francs par kilomètre : au che-

Recettes.

La recette totale pour toute la ligne étant 225,000 francs, et le nombre de trains kilométriques annuel de 65,700, la recette par train kilométrique sera 3f,425. Le bénéfice par train est donc de 1f,363, et le bénéfice total de 89,549 francs; soit pour un capital de 1,200,000 francs, 7,46 pour 100.

DEUXIÈME EXEMPLE. — *Exploitation d'une ligne de* 30 *kilomètres, avec rampes maximum de* 0m,04 *par mètre.*

La différence qui sépare cette hypothèse de la précédente résulte de la réduction du tonnage brut du train remorqué par suite de la limite de puissance de la machine.

Dans cette hypothèse, en effet, le poids maximum que la même machine peut traîner n'est plus que 59 tonnes.

Il en résulte que, pour atteindre le même poids brut de 234 tonnes, représenté par le trafic de 7,500 francs par kilomètre, il faut quatre trains complétement chargés, et pour conserver le même rapport que dans le cas précédent entre le tonnage possible et le réel, huit trains. L'exploitation devra donc supporter l'excédant de charges résultant de cet accroissement du nombre des trains, et par conséquent le bénéfice de l'entreprise sera réduit; il est facile de voir dans quelle proportion.

Le nombre de trains kilométriques annuel sera de 87,600.

Le capital d'établissement restant le même, rapportons les dépenses d'exploitation et les recettes au train kilométrique.

---

min de fer d'Orléans, l'entretien de la voie et des bâtiments coûte 2,500 francs. Nous considérons ces chiffres comme une confirmation de celui que nous avons adopté.

Le personnel des trains devra être augmenté dans le rapport de 2 à 3; il coûtera donc par an 21,600 francs, et par train kilométrique :

	Dépense par train kilométrique.
TRACTION.	
Conduite de la machine.	0f,123
Combustible, 12 kilogrammes à 25 francs la tonne.	0 ,300
Graissage de la machine, 30 grammes à 1f,20.	0 ,036
Entretien du matériel et graissage, à raison de 5 véhicules par train et de 0f,013 par véhicule.	0 ,065
Entretien de la machine, à raison de 0f,18 par kilomètre. . .	0 ,180
SURVEILLANCE et ENTRETIEN DE LA VOIE.	0 ,479
ADMINISTRATION CENTRALE et MOUVEMENT.	0 ,579
Coût du train kilométrique	1f,762

La recette par train kilométrique est $\frac{225,000}{87,600} = 2^{f},568$.

Le bénéfice par train kilométrique est donc $0^{f},806$, et le bénéfice total est de 70,606 francs, qui représentent 5,88 pour 100 du capital engagé.

Ainsi, l'adoption de rampes de $0^{m},04$, au lieu de rampes de $0^{m},03$, abaisse de 1 et 1/2 pour 100 environ le produit de l'entreprise.

TROISIÈME EXEMPLE. — *Exploitation d'une ligne de 30 kilomètres, avec rampes maximum de $0^{m},05$ par mètre.*

Dans cette hypothèse, nos machines ne peuvent plus remorquer qu'un poids brut de train de 44 tonnes.

Le poids brut de 234 tonnes, qui correspond au trafic que nous avons supposé, représente cinq trains et un tiers, complétement chargés.

Nous devons donc supposer, pour conserver le même rapport

du plein au vide que ci-dessus, dix trains par jour. Le nombre des trains kilométriques annuel sera 109,500.

Dès lors, le capital restant toujours le même[1], le compte d'exploitation s'établira ainsi :

Traction.	
Conduite de la machine.	0f,121
Combustible, 12 kilogrammes à 25 francs la tonne.	0 ,300
Graissage de la machine, 30 grammes à 1f,20.	0 ,036
Entretien du matériel et graissage à raison de 4 véhicules par train, et de 0f,013 par véhicule	0 ,052
Entretien de la machine.	0 ,180
Surveillance et entretien de la voie.	0 ,384
Administration centrale et mouvement	0 ,500
Coût du train kilométrique..	1f,573

La recette par train kilométrique est $\frac{225,000}{109,500} = 2^{f},055$.

Le bénéfice par train kilométrique est de $0^{f},482$, le bénéfice total de 52,780 francs, ce qui donne 4,40 pour 100 du capital engagé.

L'influence de la rampe devient donc ici manifeste, de manière même à faire considérer la rampe de $0^{m},04$ comme un maximum qui pourra bien rarement être dépassé avec le type de machine que nous supposons.

Quatrième exemple. — *Application au premier exemple (rampe de $0^{m},03$; trafic, 7,500 francs par kilomètre) d'un chemin de fer de 30 kilomètres accolé à la route, avec rails de 37 kilogrammes et machines de 40 tonnes.*

Une machine de 40 tonnes peut remorquer 149 tonnes ; le rapport du tonnage brut, 234 tonnes, à ce chiffre, donne 1,59. Il faudra donc supposer trois trains.

---

[1] Le capital ne peut, dans ce cas, rester le même qu'en supposant que les machines effectuent un parcours kilométrique annuel plus considérable ; chaque machine doit, en effet, parcourir par an 36,000 kilomètres, ce que nous ne devons pas admettre ; le capital devrait donc à la rigueur être augmenté du prix d'une machine ou de 50,000.

Le capital d'établissement sera le suivant :

Voie à raison de 30,576 francs le kilomètre.	917,280 francs.
Accessoires et matériel de la voie (voir le devis suivant).	55,690
3 machines à 80,000 francs l'une.	240,000
4 voitures à voyageurs [1].	40,000
21 waggons.	94,500
Petit matériel, mobilier et agrès	30,000
Atelier de réparations, dépôt et outillage.	40,000
Abris divers et stations..	10,000
Expropriations et travaux	270,000
	1,675,470 francs.
Même imprévu que ci-dessus. 20 pour 100.	327,810
Capital nécessaire. Total.	2,003,280 francs.

Compte d'exploitation.

Les dépenses, ramenées au train kilométrique, se décomposent ainsi :

TRACTION.	
Conduite de la machine.	0f,110
Combustible, 20 kilogrammes à 25 francs la tonne.	0 ,500
Graissage.	0 ,060
Entretien et graissage de 12 véhicules par train.	0 ,156
Entretien de la machine..	0 ,200
SURVEILLANCE et ENTRETIEN DE LA VOIE.	1 ,280
ADMINISTRATION CENTRALE.	1 ,327
Coût d'un train kilométrique..	3 ,633

La recette par train kilométrique est $\frac{225,000}{32,850} = 6^{f},85$.

Le bénéfice par train est de $3^{f},217$, le bénéfice total 105,678 fr., ce qui donne 5,28 pour 100 du capital engagé.

Ainsi, cette combinaison fournit un résultat notablement inférieur à la ligne économique, dans l'hypothèse du trafic où nous nous sommes placés.

---

[1] Le nombre de trains kilométriques annuel n'étant plus que 32,850, le parcours des voitures devient insuffisant pour leur bonne utilisation, et il faudrait plutôt 6 voitures que 4.

CINQUIÈME EXEMPLE. — *D'un chemin de fer de 100 kilomètres, avec rampes maxima de 0m,03 par mètre. Le trafic supposé est de 10,000 francs par kilomètre; les tarifs moyens, de 0f,06 par kilomètre pour les voyageurs, et de 0f,06 par kilomètre pour les marchandises*[1].

Nous supposons que la perception sur les voyageurs représente 25 pour 100 de la recette totale.

Le nombre de voyageurs transportés par an à 100 kilomètres sera de $\frac{2,500}{0,06} = 41,666$ voyageurs.

Le nombre de tonnes transportées par an à 100 kilomètres sera de $\frac{7,500}{0,06} = 125,000$ tonnes.

Devis d'établissement.

Nous supposerons une station ou plutôt un lieu d'arrêt tous les 10 kilomètres; quatre des stations intermédiaires auraient des voies d'évitement pour le croisement de deux trains; l'une d'elles aurait un garage spécial pour une machine de réserve; les cinq autres n'auraient que de simples garages pour waggons.

	Prix par kilomètre.
Voie (pour le prix d'établissement, voir plus haut le détail). . .	29,120 francs.
Garage et évitement tous les 10 kilomètres, 5 pour 100.	1,456
A reporter.	30,576 francs.

[1] La moyenne des tarifs moyens kilométriques des chemins de fer du Nord, de l'Ouest et du Midi, est de 0f,0576 pour les voyageurs, et de 0f,072 pour les marchandises. Le rapport des marchandises à petite vitesse à celles à grande vitesse devant être plus considérable en général sur ces lignes secondaires que sur les grandes lignes, et surtout recherchant ici les conditions les plus défavorables à l'exploitation, nous avons adopté le tarif de 0f,06 pour les marchandises.

Report.		30,576 francs.
Accessoires de la voie.		
2 changements de voie complets à 3 voies, à 2,400 francs l'un.	4,800 francs.	
20 changements de voie complets à 2 voies, à 1,400 francs l'un..	28,000	
3 plaques tournantes pour machines, à 6,500 francs l'une..	19,500	
5 alimentations d'eau avec tous leurs accessoires, à 10,000 francs l'une	50,000	
20 disques-signaux avec tous leurs accessoires, à 500 francs l'un.	10,000	
	112,300 francs.	1,123 francs.
Matériel roulant.		
8 machines locomotives[1] de 36 tonnes, à 80,000 francs l'une.	640,000. . . .	6,400
12 voitures à 60 places[2], à 11,000 francs l'une.	132,000. . . .	1,320
8 fourgons à 5,000 francs.	40,000. . . .	400
200 waggons à marchandises, à 4,500 francs l'un.	900,000[3] . . .	9,000
Ateliers, dépot et outillage	120,000. . . .	1,200
Petit matériel et mobilier des gares. . . .	50,000. . . .	500
Abris divers et remises.	40,000. . . .	400
A reporter.		50,919 francs.

[1] Le parcours annuel de chaque machine est supposé de 27,000 kilomètres.

[2] Au chemin de fer du Midi, le nombre de voyageurs transportés à 1 kilomètre par voiture, a été, en 1859, de 285,000. Nous avons à transporter 4,166,666 voyageurs à 1 kilomètre, ce qui correspondrait à 14 voitures environ. Le rapport des places occupées aux places offertes ne serait dans ce cas que 35 pour 100. On peut supposer un chargement plus complet; c'est pourquoi nous avons supposé 12 voitures.

[3] Au chemin du Midi, un waggon a transporté, en 1859, 52,424 tonnes kilométriques, ce qui, pour un trafic de 12,500,000 tonnes kilométriques, suppose 236 waggons. Au chemin d'Orléans, un waggon transporte 60,000 tonnes kilométriques, ce qui correspond à 208 waggons environ. Nous avons adopté 200 waggons. Ce matériel se compose de :

1° 100 waggons plates-formes, avec freins à main.	3,800 francs.	380 000 francs.
2° 50 waggons à bestiaux et marchandises, couverts, avec freins à main, à..	4,800 l'un. .	240,000
3° 30 waggons avec freins à vis, à.	5,350. . . .	160,500
4° 20 waggons à houille, avec freins à main, à.	4,200. . . .	84,000
5° Bâches, accessoires, etc.		35,500
Total.		900,000

Report.		50,919 francs.

Dépenses variables suivant les conditions locales :

Expropriations	3,000 francs.	3,000 francs.
Travaux divers (terrassements).	6,000. . . .	6,000
Total général.		59,919

Soit une dépense de 60,000 francs par kilomètre.

Nous admettons pour l'établissement du compte d'exploitation un capital de 6,500,000 francs pour un chemin de fer de 100 kilomètres.

Compte d'exploitation.

2,500 francs en voyageurs. 7,500 francs en marchandises.

Nombre de voyageurs. . . $\frac{2,500}{0,06} = 41,666$ par an ; par jour, 114.

Marchandises. . . . . . $\frac{7,500}{0,06} = 125,000$ tonnes par an ; par jour, 342.

Le trafic journalier est de 500 tonnes brutes environ, correspondant à trois trains trois dixièmes complétement chargés. Nous en supposons six.

Dépenses d'exploitation.

	Dépense par kilomètre.
1° Traction.	
7 personnels de train	0f,1150
Combustible, 30 kilogrammes à 25 francs.	0 ,7500
Graissage, 50 grammes d'huile à 1f,20.	0 ,0600
Entretien de la machine à 0f,20.	0 ,2000
Entretien de 12 véhicules à 0f,013.	0 ,1560
2° Mouvement (suivant le détail [1]).	
Service central et gares.	0 ,2128
A reporter.	1 ,4938

[1] Mouvement.

Service central et des gares :

1 Inspecteur	3,000
2 contrôleurs à 2,400 francs . . .	4,800
A reporter	7,800

Report.	1f,4938
Personnel des trains.	0 ,1150
Frais divers aux stations.	0 ,0915
3° SURVEILLANCE ET ENTRETIEN DE LA VOIE[1] : à raison de 1,500 francs par kilomètre.	0 ,0849
4° ADMINISTRATION CENTRALE[2].	0 ,2283
	2f,6133

Bénéfice total, 427,926 francs. Le capital est de 6,500,000 francs; le bénéfice de 6,58 pour 100.

Report.	7,800 francs.	
2 garde-magasins.	3,600	
2 chefs de gare à 2,600 francs. . .	5,200	
10 surveillants de la voie préposés aux stations.	15,000	
2 chefs d'équipe à 1,500 francs. .	3,000	
12 manœuvres à 1,000 francs. . .	12,000	
	46,600 francs.	46,600
Trains.		
Personnel des trains. { conducteurs à 2,400 fr. garde-freins à 1,200 fr.	25,200 francs.	
Frais divers, éclairage, et chauffage, etc.	20,000	
	91,800 francs.	91,800 francs.

[1] Ce chapitre coûte au chemin du Midi 2,500 francs par kilomètre ; au chemin d'Orléans, l'entretien de la voie et des bâtiments coûte 2,500 francs ; nous considérons ces chiffres comme une confirmation de celui que nous avons adopté.

[2] ADMINISTRATION CENTRALE.

Conseil d'administration.	8,900 francs.	
Agent général.	10,000	
Chef comptable	3,600	
2 comptables.	3,600	
1 expéditionnaire	1,800	
Garçon de bureau.	1,200	
Loyers, contributions, frais divers.	20,900	
	50,000 francs.	50,000

Recette par train kilométrique.

Marchandises $\frac{7,500}{2,190}$.	3f,425
Voyageurs, $\frac{2,500}{2,190}$.	1 ,142
	4f,567
Dépense par train kilométrique.	2 ,613
Différence.	1f,954

EXAMEN DES RÉSULTATS PRÉCÉDENTS.

Les résultats que nous venons d'obtenir des divers exemples qui précèdent peuvent être soumis à deux critiques.

L'une porte sur le système d'exploitation que nous avons supposé, et sur les économies qu'il permet de réaliser par rapport aux dépenses actuelles des grandes lignes. A ce point de vue, les chiffres que nous avons adoptés peuvent être contestés. Nous avons exposé plus haut, un peu brièvement à la vérité, les conditions générales de l'exploitation de ces lignes à faible trafic, et elles répondent suffisamment à ces objections [1]. Ce ne sont point, d'ailleurs, les plus graves, car elles sont tout à fait indépendantes de la solution spéciale que nous proposons.

Les objections qui méritent un plus sérieux examen sont celles qui sont relatives à la base même de la solution proposée, et qui

---

[1] L'exploitation des chemins américains nous fournit un contrôle précieux des chiffres que nous avons avancés. Nous tirons du rapport de M. Douglas Galton, sur les chemins de fer américains, le tableau suivant :

DÉSIGNATION DES LIGNES.	LONGUEUR.	DÉPENSES D'EXPLOITATION PAR KILOMÈTRE DE TRAIN PARCOURU.			
		Entretien de la voie.	Entretien des machines et matériel roulant.	Mouvement et traction.	TOTAL.
Chemin de fer New-York et Érié.	716^{k},143	0^{f},607	0^{f},402	1^{f},77	2^{f},779
Buffalo and New-York City......	146^{k},446	0^{f},95	0^{f},59	1^{f},09	2^{f},63
Baltimore and Ohio.............	621^{k},19	0^{f},723	0^{f},50	0^{f},946	2^{f},169

Le coût d'un train kilométrique est très-sensiblement le même que celui qui résulte de nos calculs, malgré l'élévation du prix de la main-d'œuvre et des matières premières en Amérique.

découlent directement de l'adoption des grandes pentes. Nous devons, à ce sujet, accompagner nos chiffres de quelques éclaircissements qui en démontreront l'exactitude.

L'opinion la plus généralement répandue est que les grandes pentes ont, sur le prix de revient de l'exploitation, une influence considérable. Quelques ingénieurs prétendent que ce prix de revient est environ trois fois et demi plus élevé sur des rampes de 35 millimètres que sur des rampes de 5 millimètres. Cette assertion est empreinte d'une grande exagération.

Quelle peut être en effet l'influence de la pente sur l'exploitation? Elle ne peut agir que de deux manières : en réduisant le tonnage du train que peut remorquer une machine d'une puissance donnée, ou bien, en augmentant pour un train d'un tonnage déterminé la puissance de la machine nécessaire et par suite la dépense de combustible ; car tous les autres frais, entretien et surveillance de la voie, personnel des trains, entretien du matériel et des machines, sont à très-peu près constants.

Cette dépense de combustible varie proportionnellement à l'effort de traction de la machine, qui ne varie lui-même qu'avec la pente. Or, les frais de traction variables avec la pente ne représentent environ que le huitième des dépenses totales d'exploitation ; en admettant donc que ces frais soient quadruplés sur une rampe de 35^{mm}, le prix de revient du train kilométrique ne serait accru que dans le rapport de 11 à 8 [1].

[1] A ce sujet, nous ne pouvons passer sous silence un exemple cité par M. Perdonnet dans son *Traité élémentaire des chemins de fer*. Il s'agit d'une étude de M. Koller sur le prix de revient de l'exploitation du chemin de fer de Turin à Gênes, dont une section, celle de Pontedecimo à Busalla, présente une pente moyenne de $28^{mm},2$, et une pente maxima de 35^{mm}. Il résulterait de cette étude, qui est le fruit d'une expérience directe qui n'a duré qu'un mois, que le prix de revient d'une tonne transportée à 1 kilomètre serait sur cette section de $0^{f},14$. Sans entrer dans le détail des chiffres sur lesquels M. Koller a cru pouvoir fonder cette évaluation, nous dirons que le compte-rendu officiel de l'exploitation du chemin de Turin à Gênes, pour l'exercice 1858, porte le prix de revient de

Puisque, en effet, l'élément principal qui varie avec la pente est la dépense de combustible, et que cette dépense varie proportionnellement à l'effort de traction de la machine, nous trouvons sur les grandes lignes un grand nombre d'exemples qui, par analogie, peuvent servir à contrôler nos évaluations.

Les machines Engerth du Nord, fournissant un effort de traction continu de 5,500 kilogrammes, brûlent 35 kilogrammes par kilomètre [1].

La machine de M. Beugniot, pour un effort de 5,000^{k}, brûle environ 17 kilogrammes en moyenne (remonte et descente).

Tous ces faits conduisent, pour notre hypothèse, à une dépense moyenne inférieure à 30 kilogrammes, car il ne faut pas établir les frais de traction comme si le chemin ne se composait que

---

la tonne transportée à 1 kilomètre sur le plan incliné de Busalla, à 0^{f},1250, et ce prix tient à des circonstances absolument exceptionnelles qui ne permettent de tirer de ce résultat aucune conclusion générale :

En premier lieu, le trafic est presque en entier à la remonte, et presque nul à la descente; par suite, le chargement moyen des trains est de 20^{t},90, à peu près le quart de celui que nous supposons dans notre exemple.

Le prix du combustible est, sur la ligne de Turin à Gênes, de 70 francs la tonne, au lieu de 25 francs que nous avons supposé. De sorte que, tandis que nous admettons une consommation de 30 kilogrammes de houille par kilomètre, qui ne nous coûtent que 0^{f},75, les machines du plan incliné de Busalla ne consomment que 11^{k},26 par kilomètre, qui représentent une dépense de 0^{f},79.

Ces explications suffisent à montrer que le prix de revient réel de la tonne kilométrique sur la section de Busalla n'est nullement en désaccord avec celui qui ressort de nos calculs.

Voici d'ailleurs les dépenses d'exploitation par locomotive du plan incliné de Saint-Germain (longueur 2,500^{m}, pente 35^{mm}), pendant les quatre premiers mois de 1861 :

Distance parcourue, kilomètres.		10229^{k}
Dépense par machine et par kilomètre. . . .	1^{f},22	
Nombre de tonnes kilométriques		383,000
Dépense par tonne et par kilomètre	0^{f},035.	

Il y a loin de ce prix de revient à celui de 0,12 qui n'est, au chemin de Busalla à Pontedecimo, que la conséquence de circonstances toutes spéciales.

[1] Voir l'Appendice, § 4, *De la traversée des Alpes*, de M. E. Flachat.

d'une seule rampe continue de $0^{m},03$ dans toute sa longueur. Il faut tenir compte, dans le cas général, que nous examinons, des paliers et de la descente.

Nous n'hésitons pas à dire que, dans la plupart des cas, la somme des pentes au-dessus de 10 millimètres d'une route, est inférieure à 40 pour 100 de la longueur. C'est ce qui résulte d'un relevé que nous avons fait sur un grand nombre de routes, et entre autres sur celles du département du Cher[1].

Par conséquent, les conditions spéciales de pente n'affectent qu'environ le tiers de la ligne. Dans le cas particulier, où la longueur des pentes serait le 1/4 de la ligne, les frais de traction variables avec la pente représentant au plus le 1/8 des frais totaux d'exploitation, en admettant que ces frais soient quadruplés sur une rampe de 36 millimètres, on voit que le prix de revient moyen du train kilométrique est augmenté dans le rapport de 35 à 32. Enfin, et nous ne saurions trop insister sur ce point, nous sommes loin d'avoir, dans cette étude, compté sur tous les progrès qu'un avenir très-prochain réserve aux machines locomotives.

L'économie présentée par la solution que nous proposons est fondée sur l'adoption simultanée de grandes pentes et de courbes de très-faible rayon. Nous pouvons aujourd'hui résoudre ce problème au moyen de machines portées par des trucks articulés. Il y a un avantage évident pour l'exploitation sur de grandes pentes à augmenter le plus possible la puissance de traction de la machine, et c'est sous ce point de vue surtout que nous nous sommes tenus dans des limites qu'il est facile de dépasser notablement. Ainsi, au lieu de deux essieux couplés pour chaque truck, rien n'est plus simple que de mettre trois essieux couplés. Le poids de la machine pourrait atteindre alors 65 tonnes, sans aucun inconvénient pour la voie.

---

[1] Voir le *Nivellement général du Cher*, par M. Bourdaloue.

La base d'accouplement ne serait que d'environ 2 mètres par chaque truck, ce qui permettrait l'emploi de courbes de 100 mètres de rayon environ.

Ces limites pourraient même être dépassées à l'aide de dispositions imaginées et appliquées récemment par divers ingénieurs, dans le but d'augmenter la base des machines en facilitant leur inscription dans les courbes.

Avec une machine de 65 tonnes à 6 essieux couplés, on remorquerait sur une rampe de 30 millimètres des trains de plus de deux cents tonnes; on se rapprocherait ainsi des conditions d'exploitation des lignes à faible pente, sauf une légère augmentation des dépenses de traction.

Comme nous l'avons déjà dit d'ailleurs, rien n'est bien nouveau dans l'emploi de machines puissantes appliquées à l'exploitation de lignes à fortes pentes et à faibles rayons de courbes.

Les machines construites pour le passage du Semmering, c'est-à-dire pour remonter des rampes de 25 millimètres avec des courbes de 180 mètres de rayon, présentent des dispositions très-analogues à celles que nous avons supposées, et dans ces conditions, elles remorquent des charges de 150 tonnes brutes environ, à la vitesse moyenne de 15 à 16 kilomètres.

Ces résultats déjà si brillants étaient obtenus il y a dix ans. Le problème que nous nous sommes posé est-il si différent de celui-là ? Est-il permis de douter qu'il trouve aujourd'hui une solution certaine et facile? Les progrès réalisés dans la construction des locomotives depuis cette époque répondent d'eux-mêmes.

On peut enfin soulever une objection à l'établissement des lignes secondaires à grandes pentes et à faibles courbes, c'est la nécessité d'un matériel spécial. Quand même l'objection, qui a une valeur réelle, subsisterait dans toute sa force, nous n'hésiterions pas à répondre qu'il faut passer outre, car l'application générale des lignes à grandes courbes et à faible pente est une impossibilité, tandis que le matériel spécial n'est qu'un inconvénient. Mais il faut remarquer que dans la pratique cet inconvénient sera de beaucoup atténué par ce fait que, si le matériel des grandes lignes ne peut circuler sur les petites, le matériel spécial peut parfaitement circuler sur les grandes, ce qui suffit à éviter les transbordements et les inconvénients qui les accompagnent.

Les conclusions que nous pouvons tirer de cette étude nous paraissent des plus claires. Nous voyons d'abord que l'établissement d'un chemin de fer sur la route elle-même, construit avec la plus grande économie réalisable, peut donner des résultats fructueux avec une recette brute kilométrique d'environ 7,500 francs par kilomètre.

L'application des machines à la traction, sur ces lignes, ne présente aucune difficulté qui ne puisse être complétement levée au moyen des dispositions et des précautions que nous avons indiquées.

Quant aux pentes maximum, les trois exemples que nous avons cités en montrent l'influence. Ils mettent en évidence que les pentes de $0^m,05$ constituent une limite extrême qu'il convient de ne pas dépasser, et même qu'il sera très-rarement avantageux d'atteindre.

Au contraire, les rampes de $0^m,03$ à $0^m,04$ fournissent pour l'exploitation des faibles trafics que nous avons supposés des résultats très-satisfaisants. C'est ce qui importe à la question, et nous ne saurions trop insister sur ce point. En effet, la réduction des pentes d'une route au maximum de $0^m,03$ à $0^m,04$ par mètre n'oblige généralement qu'à de très-légers sacrifices.

Cette étude, en concluant même à l'application du système à des rampes maximum de $0^m,03$ à $0^m,04$, fournit donc une solution excellente et générale.

L'exemple d'une ligne de 100 kilomètres établie le long de la route avec des rampes maximum de $0^m,03$ par mètre, pour un trafic annuel de 10,000 francs par kilomètre, montre également que l'entreprise se trouve encore placée dans de très-bonnes conditions industrielles, même avec des tarifs moyens inférieurs à ceux des grandes lignes.

Nous croyons donc avoir atteint notre but. En effet, en appliquant le système général que nous indiquons, l'exécution des 10,000 kilomètres de chemins secondaires, indispensables à la prospérité de notre agriculture, peut cesser d'être un projet d'une exécution incertaine pour devenir une immédiate réalité. Elle peut s'entreprendre simultanément sur tous les points du territoire par l'initiative des intérêts locaux qui trouveront dans ces entreprises, à la fois, une satisfaction légitime et un placement avantageux ; il ne sera pas nécessaire de recourir à l'intervention de l'Etat, pour demander au Trésor public des sacrifices qui seraient énormes si l'on devait suivre pour ces chemins les errements et les types des lignes actuelles. Serait-il possible, d'ailleurs, d'obtenir un résultat de quelque importance en partant de ce dernier principe? Nous ne le pensons pas. Si les subventions de l'Etat peuvent être accordées à de grandes lignes présentant bien évidemment un intérêt général, pour la grande masse de la population, en sera-t-il de même dans le cas qui nous occupe ? Il ne s'agit que de besoins essentiellement locaux par leur nature même, et qui n'intéresseront le pays que par leur ensemble. L'Etat ne pourra donc accorder de grosses subventions à ces petites lignes, qu'en prenant l'engagement moral, sous peine d'injustice, de les seconder toutes également. On se trouvera ainsi fatalement ramené à l'exécution de toutes ces lignes par l'Etat avec la seule ressource de l'impôt. En effet, si tous les départements venaient demander en même temps à l'Etat l'exécution du réseau secondaire que chacun d'eux jugerait utile à ses intérêts, l'Etat serait contraint de prélever sur eux l'argent nécessaire à cette exécution ; la question n'aura pas fait un pas, car il est puéril de demander une subvention que l'on doit fournir soi-même. La solution ne doit donc pas être cherchée dans cette voie : comme nous l'avons déjà dit, elle doit se trouver dans l'initiative des intérêts locaux. Le rôle de l'État nous paraît être de lui laisser un libre essor, en lui abandonnant le droit et la faculté d'assurer les voies et moyens financiers, surtout en accordant pour ces concessions des cahiers de charges laissant à l'exécution la plus grande latitude. C'est en rendant aux entreprises de chemins de fer la liberté dont elles sont aujourd'hui de plus en plus privées, tandis que par une bizarre contradiction on reconnaît chaque jour les avantages de cette liberté pour toutes les autres industries, qu'on arrivera à relever la France de l'état d'infériorité dans lequel elle se trouve, au point de vue des moyens de communications, par rapport à l'Angleterre et à la Belgique ; on résoudra en même temps le problème des transports à bon marché, cet élément primordial de toute production industrielle, dont le besoin se fait plus impérieusement sentir à mesure que le gouvernement accorde plus d'extension à la liberté des échanges internationaux.

FIN.

Paris. — Typographie Hennuyer, rue du Boulevard, 7.

CATALOGUE

DE LA LIBRAIRIE A. MOREL ET CIE

Rue Vivienne, 18, à Paris.

TRAITÉ THÉORIQUE ET PRATIQUE DE LA CONSTRUCTION DES PONTS MÉTALLIQUES, par MM. L. MOLINOS et C. PRONNIER, ingénieurs civils, anciens élèves de l'École centrale. — Un fort vol. in-4°, illustré d'un très-grand nombre de gravures sur bois et de gravures sur acier du même format, accompagné d'un grand atlas de magnifiques gravures contenant 48 demi-feuilles grand aigle. — Ce traité renferme une étude complète de toutes les questions qui se rattachent à la construction des ponts métalliques. — Prix : 125 fr.

DICTIONNAIRE TECHNOLOGIQUE, par CARDISSAL et TOLHAUSEN. — Ce dictionnaire comprend les termes techniques employés dans les arts et l'industrie, et consacrés par la pratique, en français, en allemand et en anglais.

1er vol. — français, anglais, allemand.
2e vol. — anglais, allemand, français.
3e vol. — allemand, anglais, français.

Prix des 3 volumes : 18 fr.
2e et 3e volumes, séparément. 7
Le premier volume ne se vend pas séparément.

REVUE GÉNÉRALE DE L'ARCHITECTURE, par César DALY.

Abonnement annuel : Paris. 40 fr.
— Départements. 45
18 volumes ont paru. — Prix : 720

Cette revue, honorée d'une première médaille à l'Exposition universelle des Arts et de l'Industrie de Paris, en 1855, s'occupe spécialement de l'histoire, de la théorie et de la pratique des constructions.

1° Histoire : archéologie monumentale de tous les temps et de tous les pays ;
2° Théorie : recherches esthétiques et scientifiques intéressant l'architecture ;
3° Pratique : toutes les applications de l'art de bâtir : maçonnerie, charpente, couverture, menuiserie, serrurerie, peinture, etc. Décorations, ameublement, ponts, canaux, édifices publics, habitations de ville et de campagne, bâtiments ruraux, inventions nouvelles, produits industriels nouveaux, salubrité et jurisprudence du bâtiment, etc. ;
4° Mélanges : enfin toutes les nouvelles administratives, industrielles, artistiques, scientifiques, des travaux publics, des concours, etc., sont données mois par mois dans cette revue, ainsi que les nouvelles du jour, les nouvelles biographiques, nécrologiques, etc., de nature à intéresser les lecteurs.

L'ARCHITECTURE PRIVÉE AU DIX-NEUVIÈME SIÈCLE (sous Napoléon III), par César DALY. — Nouvelles maisons de Paris et des environs. — Plans, élévations, coupes ; détails de construction, de décoration et d'aménagements. — Constructions de Paris. — Constructions des environs de Paris. — Détails divers. — 2 volumes in-folio, composés de gravures sur acier, de chromolithographies à plusieurs couleurs d'une très-belle exécution et d'un texte illustré par des gravures sur bois. — Le volume se composera d'environ 30 livraisons. — Prix de la livraison de 4 planches : 4 francs. — Six pages de texte illustrées représenteront une planche gravée ; une chromolithographie représentera trois planches gravées.

LA GAZETTE DU BATIMENT. — Revue et annonces des matières premières, des machines, des procédés et des produits employés dans la construction, — adjudications, etc. — *Maçonnerie. — Charpente. — Menuiserie. — Serrurerie. — Peinture. — Ameublement.*

Prix de l'abonnement annuel :
Paris et départements. 12 fr.
Étranger, port en sus.

Le journal paraît deux fois par mois, et est adressé gratuitement à tous les abonnés à la *Revue générale d'Architecture et des Travaux publics*, dirigée par M. César DALY.

ARCHITECTURE ALLEMANDE AU DIX-NEUVIÈME SIÈCLE. — Recueil de maisons de ville et de campagne, villas, chalets, kiosques, décorations intérieures, décorations de jardins, etc., publié par une Société d'architectes allemands. — Il paraît tous les deux mois un numéro composé de 6 planches, imprimées avec teintes, et d'une page de texte original avec la traduction en regard. Abonnement annuel pour la France 24 francs, payables d'avance. L'abonnement date du mois de juillet 1860, et a commencé avec le 41e numéro de l'édition allemande.

MONOGRAPHIE DU PALAIS DE FONTAINEBLEAU, dessinée et gravée par Rodolphe PFNOR, accompagnée d'un texte historique et descriptif, par M. CHAMPOLLION-FIGEAC, bibliothécaire au palais impérial de Fontainebleau. Cet ouvrage se composera de 75 livraisons composées, chacune, de 2 planches gravées, ou d'une planche gravée double, ou en chromolithographie. — Prix de la livraison :

In-folio jésus sur papier blanc. 4 fr.
— sur papier de Chine. 5
In-folio colombier sur papier blanc. 5
— sur papier de Chine. 6

Il paraîtra une livraison tous les quinze jours.

Les éditeurs prennent l'engagement de fournir gratuitement aux souscripteurs toute livraison qui paraîtrait en sus des 75 annoncées.

MONOGRAPHIE DU CHATEAU DE HEIDELBERG, dessinée et gravée par Rodolphe PFNOR, accompagnée d'un texte historique et descriptif, par Daniel RAMÉE. — 24 planches gravées (in-folio), renfermées dans un carton.

Prix : 50 fr.
Sur papier de Chine. 62

L'ARCHITECTURE PITTORESQUE EN SUISSE, ou Choix de constructions rustiques prises dans toutes les parties de la Suisse, dessinées et gravées par A. et E. VARIN. — L'ouvrage a paru en 42 livraisons, composées chacune de 4 planches in-4° gravées sur acier, renfermées dans un carton.

L'ouvrage complet : 45

CATHÉDRALE DE BAYEUX, reprise en sous-œuvre de la Tour Centrale, par MM. DE DION et LASVIGNES, ingénieurs civils, anciens élèves de l'École centrale. — Un beau volume in-4° de plus de 100 pages de texte, avec gravures intercalées, et vingt cinq planches gravées dont quatre doubles. — Prix. 30 fr.

LA SAINTE-CHAPELLE DU PALAIS A PARIS (histoire archéologique, descriptive et graphique), rédigée, dessinée et peinte par DECLOUX et DOURY, architectes. — 20 planches in-folio en chromolithographie constituent la partie graphique la plus importante de cet ouvrage; de belles planches gravées par M. Guillaumot donnent les plans, coupes et ensemble de la Sainte-Chapelle. L'architecture traitée d'une manière succincte laisse la plus large part à l'ornementation. Le texte, imprimé avec un grand luxe typographique sur papier de choix, est orné à chaque page de belles vignettes imprimées en couleur. — Prix, texte et planches dans un carton : 70 fr.

MONOGRAPHIE DE NOTRE-DAME DE PARIS, par CELTIBÈRE, et de la nouvelle sacristie de MM. Lassus et Viollet-le-Duc. — Un vol. in-folio, composé de 80 planches, dont 5 chromolithographies, par M. Lemercier, et 12 photographies, par MM. Bisson frères. — Prix : 120 fr.

ÉGLISE SAINT-JACQUES A LIÉGE, par DELSAUX, mesurée et dessinée par l'auteur. — Grand in-folio, composé de 15 planches gravées. — Prix : 25 fr.

MONUMENTS D'ARCHITECTURE, DE SCULPTURE ET DE PEINTURE DE L'ALLEMAGNE, depuis l'établissement du christianisme jusqu'aux temps modernes, publiés par Ernest FORSTER, texte traduit de l'allemand. — Cet ouvrage sera publié en 200 livraisons, composées chacune de 2 planches, gravées sur acier par les premiers artistes de l'Allemagne, d'après les dessins exécutés spécialement pour cette publication par les architectes les plus habiles, sous la direction de M. Forster. — Chaque monument est accompagné d'un texte historique, descriptif et critique. — Prix des 4 vol. publiés : 150 fr.
On peut prendre les volumes séparément :
Architecture, 2 vol. 80 fr.
Peinture, 1 vol. 50
Sculpture, 1 vol. 50

CHOIX DES PLUS CÉLÈBRES MAISONS DE PLAISANCE de Rome et de ses environs, mesurées et dessinées par Percier et Fontaine. — Grand in-folio de 77 planches gravées, orné d'un grand nombre de frontispices et de culs-de-lampe, accompagné d'un texte historique et descriptif et de tables explicatives, texte et planches imprimés sur très-beau vergé. — Prix, cartonné : 100 fr.

BATIMENTS DE CHEMINS DE FER. — Embarcadères, plans de gares, stations, abris, maisons de garde, remises de locomotives, halles à marchandises, remises de voitures, ateliers-réservoirs, etc., accompagnés d'un texte explicatif, par Pierre CHABAT, architecte. — L'ouvrage sera publié en 20 livraisons, composées de 5 planches in-folio gravées. — La dernière livraison contiendra le texte. — Prix de la livraison : 3 fr.
Il paraîtra régulièrement une livraison par mois.

LES DIX LIVRES D'ARCHITECTURE, par VITRUVE, avec les notes de Perrault. — Nouvelle édition, revue, corrigée et augmentée d'un grand nombre de planches et notes importantes, par E. Tardieu et A. Coussin fils, architectes. — 3 vol. in-4° reliés à la Bradel en 2 vol. — Prix : 35 fr.

CHOIX D'ÉDIFICES PUBLICS construits ou projetés en France, extraits des archives du Conseil des bâtiments civils, publiés avec l'autorisation du ministère de l'intérieur. — 67 livraisons grand in-folio, composées de 388 planches gravées au trait, formant trois volumes, avec des notices relatives aux édifices dessinés. — Prix : 268 fr.

HABITATIONS OUVRIÈRES ET AGRICOLES, par Emile MULLER. — Cités, bains, lavoirs, sociétés alimentaires. — 1 vol. grand in-8°, accompagné d'un atlas de 45 planches in-folio, contenant les détails de construction, les formules représentant chaque espèce de maison, et donnant son prix de revient dans tous pays, les statuts, règlements et contrats, suivis de conseils hygiéniques, par le docteur Clavel. — Prix : 40 fr.

LES CONSTRUCTIONS EN BOIS. — (Ouvrage allemand, avec l'explication des planches en français.) Ouvrage destiné à toutes les industries qui ont trait au bâtiment et à l'enseignement des écoles spéciales, par Louis DEGEN. — Un vol. in-folio, contenant 48 planches imprimées en couleur. — Prix : 32 fr.

LES CONSTRUCTIONS EN BRIQUES — (ouvrage allemand, avec l'explication des planches en français), composées par Louis DEGEN. — Un vol. in-folio, contenant 48 planches imprimées en couleur. — Prix : 32 fr.

MAISONS ET CHALETS D'ALLEMAGNE. — Un volume petit in-folio, composé de 36 planches extraites de publications allemandes. — Prix : 20 fr.

LE BOIS DE BOULOGNE ARCHITECTURAL. — Recueil des embellissements exécutés dans son enceinte, et à ses abords, sous la direction de M. Alphand, ingénieur en chef, et Davioud, architecte, mesurés et dessinés par M. Th. VACQUER, architecte, et reproduits par la chromolithographie. — 30 planches in-folio accompagnées d'un texte et d'un plan général du Bois. — Prix : 45 fr.

LA MARBRERIE, par Louis GILBERT. — 120 planches gravées représentant des travaux de marbrerie, monuments funéraires, cheminées, autels, dallages, etc. — L'ouvrage complet, renfermé dans un carton : 90 fr.

MONUMENTS FUNÉRAIRES — (Vues, perspectives, plans, coupes, élévations et détails de), par G. UNGEWITTER. — In-folio de 48 planches, gravées sur acier. — Prix : 40 fr.

LE THÉATRE ET L'ARCHITECTE, par Emile TRÉLAT, architecte, professeur de construction civile au Conservatoire impérial des arts et métiers. — Brochure in-8° de 120 pages. — Prix : 2 fr.

PARALLÈLE DES THÉATRES. — Ouvrage d'un grand intérêt et d'une utilité réelle pour MM. les architectes, se composant de deux parties. La première contient 91 planches représentant les principaux théâtres de l'Europe (plans, — coupes, — élévations), à l'échelle de 5 millimètres par mètre; la deuxième, composée de 42 planches, comprend les machines théâtrales françaises, allemandes, anglaises, à l'échelle de 1 centimètre par mètre. Dessins par C. Contant, architecte, ancien machiniste de l'Opéra, texte par Joseph FILIPPI. Prix : 160 fr.

NOUVEAU TRAITÉ DU SOLIVAGE MÉTRIQUE des bois en grume au 5e et 6e déduits, par Didier GOYARD. — Augmenté d'une nouvelle édition de l'ancien Tarif du même auteur, et suivi de : 1° un Tableau supplémentaire pour le solivage des bois dégarnis de leur écorce; 2° un Tableau comparatif de la différence qui existe entre la solive nouvelle et ancienne; 3° un Tarif du poids des bois de sciage; 4° un Tarif du poids des solives nouvelles; 5° un Tarif du poids du stère de bois de corde. — Prix : 1 fr.

DES CONCOURS POUR LES MONUMENTS PUBLICS dans le passé, le présent et l'avenir, par M. César DALY, architecte du Gouvernement, directeur-fondateur et propriétaire de la

Revue générale de l'Architecture et des Travaux publics. — Brochure grand in-8°. — Prix : 2 fr.

LES CHATEAUX DE LA VALLÉE DE LA LOIRE des XVe, XVIe et commencement du XVIIe siècle, dessinés d'après nature et lithographiés par Victor PETIT, membre de l'Institut des provinces et de plusieurs Sociétés archéologiques. — Les somptueuses constructions qui ont été étudiées et dessinées exclusivement pour cette publication sont représentées non-seulement sous leur aspect pittoresque, mais surtout sous le rapport architectural ou monumental. — A la suite du titre de chaque dessin, la date de la construction, ainsi que les noms des premiers possesseurs et des propriétaires actuels, sont toujours indiqués. — Une table de classement des planches et une introduction suivie d'une note descriptive, paraîtront avec la dernière livraison. — L'ouvrage sera publié en 25 livraisons, composées chacune de quatre planches in-folio, imprimées à teintes avec le plus grand soin. — Prix de la livraison : 8 fr.

LES CHATEAUX DE FRANCE des XVe et XVIe siècles, dessinés d'après nature et lithographiés par Victor PETIT, membre de l'Institut des provinces et de plusieurs Sociétés archéologiques. — Dans les vigoureuses lithographies qui composent ce volume, ce n'est pas le crayon seul du paysagiste qui se reconnaîtra; celui de l'archéologue et celui de l'architecte seront aussi distingués. LES CHATEAUX DE FRANCE, fidèlement reproduits par notre habile artiste, M. V. Petit, offriront un intérêt réel aux admirateurs de monuments. — Un beau volume grand in-4° de 100 planches imprimées à teintes avec le plus grand soin.— Prix, cartonné : 80 fr.

TRAITÉ DE LA PERSPECTIVE LINÉAIRE, par J. DE LA GOURNERIE, ingénieur en chef des ponts et chaussées, professeur à l'Ecole polytechnique et au Conservatoire impérial des arts et métiers. — Il n'avait été publié sur la perspective pratique aucun ouvrage aussi complet que le Traité de M. J. de La Gournerie, que nous offrons aujourd'hui. Il contient, — en outre des tracés pour les tableaux, plans et courbes, les bas-reliefs et les décorations théâtrales, une théorie des effets de perspective, et plusieurs autres entièrement nouvelles ou plus développées qu'elles ne l'avaient été; enfin le développement de toutes les applications sérieuses de la perspective linéaire, et la solution de toutes les questions qui s'y rattachent. — Un vol. in-4° avec atlas in-folio de 45 planches, dont 8 doubles. — Prix : 40 fr.

L'ART POUR TOUS. — Encyclopédie de l'art industriel et décoratif, paraissant le 15 et le 30 de chaque mois, sous la direction de M. REIBER, architecte. — Chaque numéro, composé d'une feuille double imprimée d'un seul côté, comporte quatre estampes; chacune d'elles contient une ou plusieurs gravures de même nature, reproduisant les OEuvres anciennes et modernes ayant trait à l'ornementation et à la décoration. — A chacune des estampes se trouve jointe la notice biographique et indicative du maître en français, en anglais et en allemand. — L'abonnement part du 15 janvier. Chaque année formera un beau volume in-folio de 96 planches, contenant environ 200 sujets.

Prix de l'abonnement annuel :
Édition ordinaire. 12 fr.
Édition de luxe. 18
Cette dernière est tirée à un très-petit nombre d'exemplaires sur beau papier de Hollande.

JOURNAL-MANUEL DE PEINTURES appliquées à la décoration des monuments, appartements et établissements publics, dirigé par MM. PETIT et BISIAUX, peintres décorateurs, publié le 15 de chaque mois par numéro composé de 2 planches, dont une en chromolithographie, et d'une feuille de texte explicatif.

Abonnement annuel :
Paris et départements. 22 fr.
L'année une fois parue se vend 25
La 12e année est en cours de publication.

RECUEILS D'ESTAMPES relatives à l'ornementation des appartements aux XVIe, XVIIe et XVIIIe siècles, gravées en *fac-simile* par R. PFNOR, d'après les compositions de Du Cerceau, Daniel Marot, Lepautre, Berain, Meissonnier, etc. — L'ouvrage entier se compose de 72 planches in-folio. — Prix : 72 fr.

ORNEMENTS TIRÉS DES QUATRE ÉCOLES. — 2 vol. in-4°. — 410 planches gravées par RIESTER, CLERGET, FEUCHÈRE, COULO, etc. — Prix : 120 fr.

LES CARRELAGES ÉMAILLÉS du moyen âge et de la Renaissance, par Emile AMÉ, architecte des monuments historiques, correspondant du Ministère de l'instruction publique pour les travaux historiques. — Un beau et fort volume in-4°, composé de 90 planches imprimées en couleurs, et de plus de 60 dessins intercalés dans le texte, tiré seulement à 300 exemplaires, portant chacun un numéro d'ordre de 1 à 300. — Prix, broché : 60 fr.

L'ART INDUSTRIEL. — Recueil de dispositions et décorations intérieures, par Léon FEUCHÈRE. — 1 vol. in-folio de 73 planches gravées par VARIN frères. — Prix : 72 fr.

LEPAUTRE. — Choix de cent belles compositions sur l'ornementation. — In-folio de 100 planches. — Prix, cartonné : 60 fr.

L'ORNEMENTATION AU XIXe SIÈCLE. — Ouvrage dédié à l'industrie artistique, contenant des compositions de Michel Liénard, Gsell, Rambert, etc. — 13 planches gravées, de 72 centimètres sur 55. — Prix : 30 fr.

PORTEFEUILLE HISTORIQUE DE L'ORNEMENT. — Recueil complet des meilleurs motifs, dessinés et gravés d'après les anciens maîtres, par METZMACHER. — 32 planches in-folio sur chine. — Prix : 32 fr.

LE DESSINATEUR POUR ÉTOFFES. — Modèles de feuilles d'étude pour les écoles industrielles, les dessinateurs d'ornement, les fabriques de tapis, de châles, de papiers peints, etc. Documents précieux pour les artistes peintres d'histoire, peintres de décoration et de vitraux d'églises, pour les archéologues et les savants, publiés d'après d'anciennes étoffes en possession de l'auteur, par Franz BOCK. — Cet ouvrage est publié par livraisons de 4 planches imprimées en couleur. — Prix de la livraison grand in-folio : 12 fr.

RECUEIL DE SCULPTURES GOTHIQUES, dessinées et gravées à l'eau-forte d'après les plus beaux monuments en France, depuis le XIe jusqu'au XVe siècle, par ADAMS. — Le 1er volume, composé de 96 planches : 72 fr.
Le second volume, composé de 96 planches: 72
L'ouvrage complet : 144
L'ouvrage sur chine : 192

LES ORNEMENTS DU MOYEN AGE, par Ch. HEIDELOFF, 200 planches gravées contenues dans un carton et accompagnées d'un texte explicatif. — Prix : 130 fr.

STALLES DU CHŒUR DE LA CATHÉDRALE D'AUCH, par L. SANCET. — Ouvrage publié en

12 livraisons de 5 planches in-4° gravées. — Prix de la livraison : 3 fr. 75
Il paraît une livraison par mois.

LES BAS-RELIEFS DU DOME D'ORVIETO, ouvrage de sculpture de l'école des PISANI, gravés sur les dessins de Vincenzo PONTANI. In-folio oblong de 80 planches imprimées à teintes, avec un texte explicatif : 125 fr.

MEUBLES DU MOYEN AGE (*Plans, élévations, coupes et détails*), dessinés par G.-G. UNGEWITTER, architecte. — Un vol. in-folio de 48 planches gravées. — Prix : 40 fr.

ORNEMENTS, VASES ET DÉCORATIONS, d'après les maîtres, gravés en *fac-simile*, par PÉQUÉGNOT. — Cet ouvrage est publié par volume de 50 planches. 4 volumes sont en vente. — Prix de chaque vol. : 25 fr.

MANUEL GÉOMÉTRIQUE DU TAPISSIER, par Jules VERDELET. — Ouvrage publié avec l'approbation et sous les auspices de la Chambre syndicale des tapissiers de la ville de Paris. — Un vol. de texte de 310 pages et un atlas de 60 planches in-folio. — Prix : 50 fr

RECUEIL DE DESSINS RELATIFS A L'ART DE LA DÉCORATION chez tous les peuples et aux plus belles époques de leur civilisation, par HOFFMANN et KELLERHOVEN. — Tous ces dessins, puisés aux sources les moins connues, recueillis dans les musées et dans les bibliothèques de l'Europe, reproduits avec le caractère de la forme et l'identité de couleur des originaux, sont destinés à servir de motifs et de matériaux aux peintres décorateurs, peintres sur verre et dessinateurs de fabrique. — 2 beaux vol. in-folio, contenant 80 planches, dont 41 par les procédés chromolithographiques. — Prix : 150 fr.

ŒUVRES DE JOUANÈS BÉRAIN. — Cet ouvrage, remarquable par la diversité et la richesse de ses compositions, contient 50 planches in-folio. Ces planches qui, toutes, ont trait à l'ornementation et à la décoration intérieures, reproduisent en *fac-simile* les œuvres du maître, dessinateur ordinaire de Louis XIV ; elles représentent une grande variété de sujets heureusement traités, tels que panneaux, arabesques, frises, trumeaux, plafonds, cheminées, grilles et balcons, chapiteaux, candélabres, meubles, etc., etc. — Prix : 50 fr.

LES LÉGISLATEURS ET LES ROIS dans la salle du trône royal, à Dresde, exécutés par E. BENDEMANN. — Un joli album in-folio de 16 planches gravées par E. Goldfriedrich, et imprimées sur papier de Chine, représentant les figures en pied de Solon, Lycurgue, Zoroastre, Moïse, David, Salomon, Alexandre le Grand, Numa, Constantin le Grand, Charlemagne, Henri et son fils Othon, Conrad II, Frédéric I, Barberousse, Rodolphe I, Maximilien I et Albert le Courageux. — Prix : 30 fr.

HISTOIRE DE LA PEINTURE SUR VERRE EN EUROPE, contenant une analyse descriptive des vitraux de Belgique, publiée en 60 livraisons, composées chacune de 8 pages de texte et d'une planche in-4°. — Les planches, en partie lithographiées en couleur, en partie gravées sur pierre, sont reproduites sur papier de Chine. — Prix de l'ouvrage complet : 135 fr.

CALQUES DES VITRAUX PEINTS de la cathédrale du Mans, par E. HUCHER, correspondant des ministères d'État et de l'instruction publique pour les travaux historiques. — Cet ouvrage, honoré d'une médaille à l'Exposition universelle de 1855, reproduit d'une manière irréprochable les peintures des verrières du moyen âge. Il se composera de 10 livraisons, format grand colombier, contenant chacune deux feuilles de texte et 10 planches coloriées avec le plus grand soin. — Prix de chaque livraison : 45 fr.

La septième livraison est en vente.

LES VITRAUX DE LA CATHÉDRALE DE TOURNAI, dessinés par J.-B. CAPRONNIER. — Grand in-folio de 14 planches richement coloriées, avec texte historique et descriptif. — Prix : 100 fr.

LES PAVILLONS DU LOUVRE, par BALDUS. — Très-belles photographies, les plus grandes qui aient été faites jusqu'à ce jour. Ont paru : les pavillons Richelieu, Turgot, Sully et le pavillon de l'Horloge. — Prix de chacune des photographies : 35 fr.

ÉGYPTE ET NUBIE, par J. TEYNARD, ingénieur civil. — Atlas photographié, représentant les sites les plus intéressants pour l'étude de l'art et de l'histoire. — 160 planches in-folio, accompagnées de plans et d'une table explicative. — Prix : 960 fr.

ANNALES ARCHÉOLOGIQUES, par DIDRON aîné. — 20 volumes in-4°, avec planches gravées au burin et des dessins intercalés dans le texte. Prix du volume : 25 fr.

LES TRÉSORS SACRÉS DE COLOGNE. — Description des objets d'art du moyen âge conservés dans les églises et dans les sacristies de cette ville, par Franz BOCK. Texte traduit en français. — Cet ouvrage a été publié en 12 livraisons, chacune de 4 planches, et d'une demi-feuille de texte très-grand in-8°. Chaque planche représente trois ou quatre sujets.
L'ouvrage complet : 40 fr.

SAINTE-MARIE D'AUCH. — Atlas monographique de cette cathédrale, par l'abbé CANÉTO, vicaire général honoraire, supérieur du séminaire d'Auch. — Un vol. in-folio de 160 pages. — Texte historique orné de plus de 80 vignettes, et un atlas de 40 planches même format. — Prix : 60 fr.

Pour paraître prochainement :

DÉCORATIONS INTÉRIEURES ET MEUBLES des époques Louis XIII et Louis XIV, par ADAMS, architecte. — L'ouvrage que nous annonçons sera la reproduction fidèle des compositions dues au crayon et au burin des maîtres qui se sont illustrés aux quinzième et seizième siècles, et des œuvres encore existantes et inédites des meilleurs architectes qui vécurent sous Louis XIII et sous Louis XIV.

Dans les nombreux et précieux matériaux que nous allons publier dans les reproductions de ces types caractérisés par les BERNARDI, KADI DE CRETONE, CRISPIN DE PASSE, VREDEMAN DE VRIÈSE, DE BROS, SÉBASTIEN SERLIUS, etc., les artistes et les industriels trouveront une étude intéressante et des inspirations qui pourront les conduire à de nouvelles et heureuses créations. — L'ouvrage se composera de 100 planches petit in-folio, gravées et imprimées avec teintes, et d'une table explicative. — Il sera publié tous les mois une livraison composée de 4 planches représentant un ou plusieurs sujets. — Prix de la livraison : 4 fr.

Paris. — Typographie HENNUYER, rue du Boulevard, 7.

www.ingramcontent.com/pod-product-compliance
Ingram Content Group UK Ltd.
Pitfield, Milton Keynes, MK11 3LW, UK
UKHW021023180726
13838UKWH00004B/1611